DEAL

MET ROB JANSEN ACHTER DE SCHERMEN

VAN HET TOPVOETBAL

Michel van Egmond

Deal

met Rob Jansen achter de schermen van het topvoetbal

VOETBAL INSIDE

Omslagontwerp: Loudmouth, Utrecht
Typografie: Crius Group, Hulshout
Tekstcorrectie: Joke Jonkhoff

ISBN 978 90 488 4237 7
ISBN 978 90 488 4238 4 (e-book)
NUR 489

www.voetbalinside.nl

www.overamstel.com

Voetbal Inside is een imprint van Overamstel uitgevers bv

Ter nagedachtenis aan
Yvette Parlevliet-Möller (1969-1999)

Voorwoord Roy Makaay

Ik was 19 jaar en spits bij Vitesse, toen toenmalig voorzitter Karel Aalbers op een dag naar me toe kwam. "Ik denk dat jij een zaakwaarnemer nodig hebt," zei hij, "en ik weet een heel goede voor jou. Het is voor mij bepaald niet de makkelijkste man om mee te werken, maar ik denk dat hij voor jou in de toekomst veel kan gaan betekenen."

Dat was de eerste keer dat ik van Rob Jansen hoorde.

Intussen zijn we 23 jaar verder. Rob is nog steeds mijn zaakwaarnemer en inmiddels ook mijn vriend. Hij heeft me begeleid vanaf mijn transfer van Vitesse naar Tenerife tot aan de dag van vandaag. We hebben in La Coruña, waar ik later terecht kwam, en bij Bayern München, Oranje en Feyenoord samen heel veel meegemaakt en het heeft onze band alleen maar hechter gemaakt

Rob zegt altijd dat hij is geboren in een voetbalkleedkamer. Dat kun je ook goed merken. Hij kent het wereldje als geen ander en loopt al heel lang mee. Hij deed de begeleiding van Henke Larsson en nu doet hij samen met zijn zoon Michael de zaken van diens zoon Jordan Larsson. Dat is niet alleen prachtig om te zien, het is ook ultieme compliment dat je als vakman, als mens en als vader kunt krijgen.

Ik vind het mooi dat dit boek is opgedragen aan Yvette Parlevliet.

Zonder haar was Rob Jansen nooit de persoon geworden die hij nu is en zonder haar was zijn bedrijf ook nooit zo florerend geworden als dat het nu is. Bovendien typeert het Rob ook. Hij is een gevoelige man in een soms keiharde wereld en dat is precies wat me altijd zo aan hem is bevallen. Hij is geen zaakwaarnemer die er alleen is wanneer er succes te vieren valt. Integendeel: Rob was er voor mij vooral op de momenten dat het minder ging en ik een steuntje in de rug nodig had.

De slogan van zijn bedrijf is: *It's all about trust*. Dat vind ik een heel toepasselijk, want zo heb ik het ook al die jaren gevoeld. Het gaat om vertrouwen en dat heb ik altijd in hem gehad.

Rob Jansen is een bijzonder mens.

Dit is een bijzonder boek.

Ik wens u er veel leesplezier mee.

Roy Makaay

'Hij is een beetje een mannetje'
Dennis Bergkamp

Precies achtentwintig minuten voordat vlucht TK1962 gaat boarden voor de reis van Amsterdam naar Istanbul, loopt Rob Jansen op Schiphol al bellend door de glazen schuifdeuren van vertrekhal 3. Hij oogt gehaast, maar dat is niet zo vreemd, want dat doet hij altijd. Zelfs als hij een strandwandeling maakt, doet hij dat in marstempo en met een telefoon aan zijn oor.

Vandaag draagt hij een blauw vest en een blauw colbert, opvallende gele schoenen en blauwe sokken. Het zijn de kleuren van Fenerbahçe, de club waar hij deze ochtend naar onderweg is. Dat kan toeval zijn, maar dat is het waarschijnlijk niet.

Sinds die lang vervlogen middag waarop hij vlak voor de aftrap van The Old Firm nietsvermoedend de bestuurskamer van Celtic betrad in een compleet blauw kostuum – de kleuren van de eeuwige aartsrivaal Glasgow Rangers – en hij door de voorzitter van de thuisploeg even apart werd genomen op de gang (*'Robbie, don't you ever, EVER, do this to me again'*), houdt hij bij zijn kledingkeuze rekening met de gevoeligheden die er heersen op de plaats van bestemming.

Normaal gesproken parkeert hij zijn Bentley altijd zo ongeveer op de stoep van de vertrekhal en geeft hij zijn sleutel af aan een medewerker van de Valet Parking, die vervolgens de auto voor hem parkeert, stofzuigt en met bijna wetenschappelijke precisie in de was zet, maar vandaag heeft hij zich per taxi vanuit zijn woonplaats Den Haag laten vervoeren, zodat hij op de achterbank nog wat kon werken. Rob

Jansen is zijn hele leven al een workaholic. Zelfs als hij met vakantie is kan hij zich niet langer dan een paar uurtjes achter elkaar ontspannen, of het moet zijn aan boord van zijn eigen jacht in het Zuid-Franse Cap d'Antibes, de *La Roesse* (van ROb en ESther), een boot van 20 meter lang die wordt bestuurd door zijn vaste kapitein, maar die negentig procent van de tijd roerloos aan de steiger ligt te wachten op de entree van een eigenaar die bijna nooit komt.

Geroutineerd, ogenschijnlijk zonder na te denken, vindt hij zijn weg op de luchthaven. 'Ik neem vliegtuigen zoals andere mensen de bus,' zegt hij. En inderdaad: het gaat razendsnel langs de businessclassbalie van Turkish Airlines, via de privileges van de KLM *Platinum for Life Card*, de *Privium Card*, de irisscans en de *Priority Lanes* richting de slurf van het vliegtuig, en voordat je het weet zit Rob Jansen hoog en droog in de businessclass, meestal mopperend over de kwaliteit van de stewardessen.

Vandaag wordt de entree in het vliegtuig verzorgd door een man met een koksmuts en door passagier Jansen bescheiden gevierd met een glas water, want met alcohol drinken in de lucht is hij al lang geleden gestopt. Hij wil fris arriveren op de plaats van bestemming en dat heeft een reden. Hoewel hij vandaag eigenlijk alleen maar richting Istanbul vliegt om zijn cliënten Dick Advocaat, Mario Been en Cor Pot even wat aandacht te geven, sluit hij ook niet uit dat het morgenavond rond de stadsderby Fenerbahçe-Galatasaray met clubpresident Aziz Yildirim tot zaken doen komt. Hij leeft nu eenmaal in een wereld die 24 uur per etmaal op volle toeren draait en die constant onverwachte wendingen neemt. Dan kun je maar beter scherp zijn.

Nog maar net opgestegen meldt de koksmuts zich al buigend met warme handdoekjes. Daarna overhandigt hij het lunchmenu met een eerbied alsof het de Dode Zeerollen betreft. 'Nou, eens even kijken wat de pot schaft vandaag,' zegt Jansen, want van de tien zinnen die hij spreekt, zijn er zeven overgoten met een dikke laag ironie, en dan ook nog eens gebracht met een Haagse tongval die zijn woorden desgewenst een extra komische lading geeft. Humor uit Den Haag is nu eenmaal superieur aan alle andere vormen van Hollandse humor, te beginnen met die veelgeroemde uit Amsterdam natuurlijk, en vooral het gebruik van de hyperbool beheerst Jansen tot in de vingertoppen. Als hij bijvoorbeeld over de Iraanse miljardair Ardavan Farhad Moshiri spreekt, de eigenaar van Everton met wie hij naarmate de transferwindow nadert in steeds nauwer contact staat, bedient hij zich van dit soort zinnen:

'Die man heeft een schip van zeshonderd miljoen dollar met meer dan tachtig bemanningsleden aan boord, 155 meter lang. Het is het grootste schip ter wereld, nog groter dan dat van Abramovitsj. Die boot is zó gigantisch, als Farhad van stuurboord naar bakboord wil lopen moet-ie een lunchpakket meenemen en zich eerst goed insmeren, anders is-ie bij aankomst verbrand.'

Rob Jansen heeft een verfijnd ontwikkeld gevoel voor taal en voor het effect dat zijn woorden hebben op de toehoorder, een eigenschap die hem in zijn leven al veel heeft opgeleverd. Wanneer hij bijvoorbeeld de gespannen sfeer wil schetsen van de middag waarop hij ooit samen met Leo Beenhakker door de woedende president van Istanbulspor werd ontboden, zegt hij:

'Op elke etage van zijn appartement stonden bodyguards, van die kale jongens in het zwart, die voor de gezelligheid allemaal een Uzi op hun rug droegen.'

Dat was trouwens lang geleden, in een veel romantischer tijdperk, ver voordat het olie- en televisiegeld zijn intrede deed in het voetbal. Clubs werden toen nog niet geleid door Saoedische sjeiks of Georgische oligarchen, maar veel vaker door lokale excentriekelingen, halve misdadigers en vanwege clubliefde verblinde zakenlieden. Hoe zuidelijker je ging, hoe meer het beleid nog in restaurants en achterafkamertjes van de stadions werd bepaald, en niet vanachter het geblindeerde glas in de jachthavens van Monaco en Marbella. Rob Jansen kan smakelijk vertellen over die kleurrijke jaren.

'Ik had Leo Beenhakker en Fritz Korbach naar Istanbulspor gebracht als trainers, en Peter van Vossen en John van den Brom als spelers. Het was een leuke groep, gezellige gasten bij elkaar, maar het liep voor geen meter daar. In het Turkse voetbal was niets wat het leek. Ik herinner me een uitwedstrijd in een oud, vervallen stadion, ergens middenin Istanbul. Er zat geen kip op de tribune, maar toch hoorde je meer herrie dan op een overvol Wembley. Dat kwam omdat ze bij gebrek aan supporters gewoon grote microfoons voor de tribune hadden gezet. Het beetje stadiongeluid dat er was, werd negentig minuten lang versterkt en door gigantische speakers gejaagd, waardoor het klonk alsof er tachtigduizend mensen zaten. Dat was heel komisch. Je hoorde de F-Side, maar je zag drie bejaarden en een kind.

Het was een andere tijd, veel losser dan nu. Ik reed gewoon in de spelersbus mee naar de wedstrijd. Ik zat ook in de kleedkamer, alsof ik erbij hoorde. Korbach zei vlak voor de aftrap zelfs dat ik een zak ballen moest pakken en gebaarde me mee te gaan naar het veld. Even later stond ik tot mijn eigen verbazing in de blubber de reservekeeper van Istanbulspor in te trappen. Gewoon op mijn lakschoentjes en in mijn nette pak.'

Uiteraard werd ook deze wedstrijd verloren.

'Toen werden we dus na afloop door een stel bodyguards van de president in een auto gedwongen en onder gewapende begeleiding naar het huis van die man gereden. Daar zat zijn zoon kokend van woede achter een bureau. Zijn vader had gezichtsverlies geleden in de stad door al die nederlagen, schreeuwde-ie de hele tijd. Leo en ik schoten er een beetje van in de lach, al was dat voor een deel ook uit zenuwen. Later ben ik er achter gekomen dat we met een van de zwaarste criminele families van het land te maken hadden gehad.'

Toen na zeven nederlagen in acht competitiewedstrijden het onvermijdelijke gebeurde en Leo Beenhakker, net als Korbach, al na vier maanden weer vertrok bij Istanbulspor, niet heel veel later gevolgd door de Nederlandse spelers, wees Jansen de president vlak voor zijn vertrek naar luchthaven Atatürk nog wel eventjes op de afkoopsom die hij in het geval van ontbinding in de contracten had laten opnemen. 'Toen werd-ie helemáál gek. Hij vond het hondsbrutaal dat ik er überhaupt over durfde te beginnen. Wat hem betreft moesten we gewoon oprotten, zo snel mogelijk het land uit. En vooral: zonder geld.'

'Dat geld van Leo, daar heb ik bij terugkomst in Nederland nog best veel werk aan gehad. Uiteraard is dat allemaal goed gekomen, ze hebben gewoon betaald. Maar makkelijk ging het niet. Via via kreeg ik vanuit Turkije de mededeling dat als ik ooit van mijn leven zo onverstandig zou zijn om nog één voet op Turkse bodem te zetten, ze me binnen twaalf uur door allebei mijn knieschijven zouden laten schieten.'

Vlucht TK1962 is inmiddels geruisloos tot het Duitse luchtruim doorgedrongen. Aan boord meldt de koksmuts zich voor een amuse: een mezze-potpourri van gerookte zalm, mierikswortelsaus, geroosterde rode peperhumus, bocconcini en tomaat, als verfijnde opwarmer voor de grilled satay chicken met ratatouille en buttered rice, de cream rigatoni met rosemary en de wild berry jelly vanilla creme fraiche die nog gaan volgen. Nog drie uur vliegen, dan wordt de grens met Turkije bereikt.

'Jaren later moest ik toch weer naar Istanbul, nu met Pierre van Hooijdonk naar Fenerbahçe,' zegt hij. 'Toen heb ik van tevoren in Nederland wel even een gespecialiseerd screeningsbedrijf in de arm genomen, om de boel te checken. Zij kwamen tot de conclusie dat het nog steeds gevaarlijk voor mij zou zijn in Turkije. Daarom vloog er voor de perspresentatie van Van Hooijdonk ook een bodyguard mee in onze privé-jet. Die was er niet voor de speler, maar voor mij, de zaakwaarnemer. Op sommige foto's van onze aankomst in de stad zie je dat ik ook dikker lijk dan normaal. Dat komt doordat ik onder mijn kleren een kogelwerend vest draag.'

Hij neemt een laatste hap van de amuse. Er blijft een restje mierikswortelsaus aan zijn wang zitten, maar dat merkt hij niet.

'Dit keer heb ik geen veiligheidsmaatregelen getroffen voor Turkije, hoor. Het dreigement is nu wel verjaard, denk ik.'

Wat ook scheelt is dat de Turkse voorzitter samen met het merendeel van zijn familie inmiddels in de gevangenis zit. Hij heeft 18 jaar celstraf gekregen wegens bankfraude.

★

-Als mensen je vragen welk beroep je hebt, wat zeg je dan?

'Euh...'

-Spelersmakelaar?

'Nee. Zeker niet. Dat vind ik de meest vreselijke term die er bestaat voor ons vak.'

-Waarom?

'Omdat het suggereert dat onze hoofdtaak het verhandelen van spelers is.'

-Dat is toch ook zo?

'Welnee. Dat is zo achterhaald. We doen tegenwoordig echt heel wat meer. We begeleiden atleten in bijna alles wat ze doen, zowel voor als na hun loopbaan, en dan op allerlei gebied. Financieel en commercieel natuurlijk, maar ook sociaal, fiscaal, privé, we helpen bij hun foundations, we beheren hun social media accounts, noem maar op. Als een rechtsback uit Argentinië zijn Zuid-Amerikaanse rijbewijs moet omzetten naar een Nederlands exemplaar, dan doen wij dat voor hem. We zoeken een internationale school voor de kinderen, of we organiseren taallessen voor spelers die geen Nederlands en geen Engels spreken. We regelen de vaccinaties van de hond en doen aanbevelingen voor een tuinman. En we begeleiden hun transfer ja, als dat aan de orde is.'

-Mensen weten bij het woord spelersmakelaar wel gelijk waar je het over hebt.

'Afgrijselijk vind ik het, spelersmakelaar. Net als spelers-agent. Ook zo'n nietszeggende term. Ik zeg altijd: ik ben directeur van een sportmanagementbureau.'

-Wat staat er op je visitekaartje?

'Sinds ik mijn bedrijf Sport-Promotion aan de Wasserman

Group heb verkocht, zijn we een Amerikaanse onderneming geworden. Officieel is mijn titel nu: *Executive Vice President and Managing Executive Global Football.*'

-Nee, dat is een stuk duidelijker.

'Nou, het is tenminste niet zo ordinair als makelaar. Ik heb daar niks mee, met dat woord. Het brengt een heel negatieve associatie bij me boven. Het doet me denken aan louche mannen in lange regenjassen.'

-Wat beschouw je in jouw wereld eigenlijk nog als louche?

'Louche? Dat is mensen oplichten met geld. Louche is het als je ziet dat clubs getild worden, dat clubs makelaars tillen, dat makelaars elkaar tillen, dat spelers in de maling worden genomen. Dat is louche. Dat er overal schimmige deals op de achtergrond worden gemaakt, dingen waar het grote publiek geen weet van heeft. Voor bedragen die mensen zich niet kunnen voorstellen.'

-Hoe vaak gebeurt dat?

'Voortdurend.'

-Ja?

'Natuurlijk. Iedereen bespeelt iedereen in mijn wereld.'

★

Het is niet druk op vlucht TK1962 richting Istanbul. Afgezien van een jong Turks gezin is de businessclass helemaal leeg. Jansen knikt richting de reiswieg en vertelt over Nina, de dochter die hij samen met zijn 20 jaar jongere vriendin en zakenpartner Esther kreeg. 'Nina vliegt ook al sinds ze baby is de wereld rond. Ze is zes jaar.' Gelukkig moet hij er zelf ook hard om lachen. 'Lekker normaal allemaal, dat gezin van mij.'

Hij pakt zijn mobieltje en begint iets op te zoeken. Hoewel hij een haat-liefdeverhouding heeft met zijn telefoon, is hij net als zijn collega's vergroeid met zijn toestel.

Tot voor kort zat er een speciale, reflecterende coating over het display van zijn telefoon. Die moest voorkomen dat anderen stiekem over zijn schouder zouden kunnen meelezen. Helaas werd het telefoonscherm daarmee dusdanig goed geblindeerd dat ook de eigenaar zelf bij de eerste zonnestralen niets meer kon lezen. De coating is nu weer verdwenen. Niet dat het veel helpt, want de smartphone blijft een ongrijpbaar, mysterieus fenomeen voor hem.

'Even kijken hoor...'

In stoel 2E staart hij eerst een tijdje naar het scherm alsof hij in een heel diepe put kijkt. Daarna begint hij op goed geluk wat heen en weer te swipen.

'Even wachten... Even zien, hoe je nu ook alweer bij de foto's komt ....'

Rob Jansen is niet goed met apparaten. Hij mag dan behoren tot een van de toonaangevende voetbalagenten in Europa, een computer heeft hij niet. Hij zou ook niet weten wat hij ermee aan zou moeten, want hij is hardcore digibeet. Een e-mail versturen kan hij niet. Ook nooit geprobeerd. Hij is gewend zijn berichten te dicteren aan zijn medewerkers, die de mails dan uit zijn naam schrijven en verzenden. Inkomende digitale post wordt voor hem uitgeprint en overhandigd, telefonisch voorgelezen of desnoods door Esther mee naar huis genomen. Behalve als het heftige kritiek is. Die wordt eerst voor hem gescreend door zijn medewerkers, een opdracht die hij uit zelfbescherming heeft uitgevaardigd en die hem veel onnodige ergernis bespaart. Hij is nu eenmaal snel geraakt. Zelf zegt hij daarover: 'Ik ben een vechter, ik kan dingen niet naast me neerleggen. Als mensen gemene dingen over mij zeggen, of onwaarheden, kan ik het maar beter niet weten. Ik word boos, raak die boosheid ook moeilijk kwijt. Daar heb ik geen zin in. Het beïnvloedt mijn humeur en daarmee dat van mijn gezin. Wil ik niet. Ik lees dus ook nooit berichten over mijzelf op internet. Bovendien weet ik niet hoe dat moet, internet.'

Wel is hij sinds kort ingewijd in de geheimen van WhatsApp, maar het liefst gebruikt hij zijn telefoon toch exclusief om doorheen te praten. Daar is hij goed in.

Hij is van de oude stempel en schaamt zich daar niet voor. Afspraken noteert hij al zijn hele leven lang in schriftjes die hij in keurige stapeltjes op zijn bureau heeft liggen, of in een ouderwetse agenda van papier. Hij heeft ze allemaal bewaard. Boven, op de speelzolder van Nina, liggen ze in een kast opgeslagen. Ze gaan ver terug. In de agenda van 1990 staat op de bladzijde van 10 maart bijvoorbeeld: 'Cadeautje kopen Danny.' Danny is Danny Blind. Een dag eerder was diens zoon Daley geboren.

De meeste pagina's van zijn agenda staan volgekrast met namen, vluchtnummers en bedragen. Sla een willekeurige week open en de hectiek van zijn bestaan springt je tegemoet. 'Ik was de afgelopen week in Manchester, Londen, Helsingborg, Den Haag en Zeist. Veel besprekingen gehad, veel lunches, paar dingetjes in het contract tussen Danny Blind en de KNVB gladgestreken, ik ben bezig geweest met een arbitragezaak voor Terence Kongolo omdat we sterke vermoedens hebben dat zijn voormalige zaakwaarnemers valsheid in geschrifte hebben gepleegd, even kijken, wat nog meer.... O ja, we hebben samen met de clubarts van Feyenoord een speciale orthopeed gevonden voor Sven van Beek, omdat die jongen telkens niet lekker in zijn schoenen zat en meer van dat soort dingetjes. Tussen de bedrijven door heb ik drie wedstrijden gezien. Met Ronald Koeman en de vrouwen waren we op uitnodiging van Txiki Begiristain bij Manchester City-FC Barcelona, na afloop vloog ik naar Londen om met Moshiri en Bill Kenwright te praten, de president van Everton, daarna ging ik voor Henke Larsson en zijn zoon Jordan naar Zweden, ben ik naar de wedstrijd Helsingborg tegen... euh... tegen... tegen weet-ik-niet-meer-eigenlijk geweest, geen flauw idee, en op het einde van de week zat ik bij Nederland-België in de Amsterdam ArenA. En dan is het nu de rustige periode, hè?'

Hij zucht.

Nog dieper dan normaal.

'Soms denk ik weleens: ik ben 60 jaar. Ik doe dit kunstje mijn hele leven al. Hoe lang ga ik dit nog volhouden? En: hoe lang wil ik dit eigenlijk nog? Ik weet het niet. Wat ik wel weet, is dat ik heel blij was toen ik eindelijk thuis op mijn eigen bank lag.'

Thuis is voor de familie Jansen sinds enige tijd een villa van Louis Couperus-achtige allure, schitterend gelegen in het Belgisch Park, een van de mooiste buurten van het Haagse stadsdeel Scheveningen. Daar heeft het gezin na een verbouwing van dik twee jaar zijn intrek genomen in een door monumentenzorg beschermd pand uit 1883, met twee ingangen, genoeg ruimte in de tuin voor de Bentley van Rob, de Range Rover van Esther en de klassieke MG voor in het weekend, en 600 vierkante meter woonoppervlak verdeeld over 11 kamers, een zolder met logeerafdeling, afgetopt met een parmantig torentje. In de woonkamer zou je een autoshow kunnen houden en het trappenhuis heeft meer treden dan dat van Slot Loevestein, wat niet erg goed uitkomt aangezien de eigenaar zich nog niet zo lang geleden in een Gooische privé-kliniek heeft laten voorzien van een nieuwe heup.

Er is op verzoek van de familie destijds een film gemaakt over de verbouwing. Twee jaar lang liep er een professionele cameraploeg door het huis, want de familie Jansen houdt niet van half werk. Zij legden de immense operatie minutieus voor de eigenaren vast. Op het einde van de film zie je Rob Jansen een dankspeech houden voor de bouwvakkers. Het laatste shot is van een timmerman die het huis verlaat met onder zijn arm een reuzenfles Moët & Chandon champagne.

Een van de erkers van het huis fungeert als tv-kamer. Er hangt een toestel van het formaat dat je eerder bij 50 Cent thuis verwacht. Rob Jansen is best een filmfreak – op Roberto Benigni in *La Vitta è Bella* raakt hij maar niet uitgekeken – maar hij gunt zichzelf weinig tijd voor ontspanning, dus meestal zit hij hier samen met Nina en kijkt dan naar Barbiefilms of naar Walt Disney's *Frozen*.

Als hij het te druk heeft worden zijn taken weleens waargenomen door Romy, een vriendelijk meisje dat het gezin met allerlei huishoudelijke klusjes bijstaat. Gelukkig komt ze ook uit Den Haag en kan ze tegen de lokale humor. Bijvoorbeeld wanneer Rob Jansen haar voorstelt met de zin: 'Dit is Romy, die helpt ons hier thuis met allemaal dingetjes. In de praktijk betekent dit dat ze de hele dag voor een godsvermogen op mijn televisie naar *SpongeBob* zit te kijken, hè Romy?'

Op de salontafels liggen glanzende koffietafelboeken zo groot als stoeptegels, in de gang bevindt zich een dressoir met daarin 23 zonnebrillen en op een van de schoorsteenmantels, achter de gordijnen, staat een ingelijste foto van de vrouw des huizes, breed lachend naast Pelé.

Esther probeert de workaholic in haar partner soms in te tomen. Een van de recent afgekondigde maatregelen is dat de woonverdieping niet meer mag worden gebruikt om in te werken en de keuken ook niet, al was het maar omdat ze Nina niet wil blootstellen aan een gestreste, continu bellende vader, eentje die vooral in de laatste weken van de transferwindow op het punt staat over te koken. Sinds enige tijd is dus beneden, naast de fitnessruimte, een kamer ingericht als kantoor.

Het is een van de kleinste ruimtes in het huis. Maar dat is niet erg, want werken doet Rob Jansen het merendeel van de tijd toch in de auto, het vliegtuig, het restaurant of in het Hilton Hotel in Den Haag. Daar bemannen hij en zijn medewerkers op de eerste verdieping een kantoor met een hoog Jerry Maguire-gehalte. In het statige hotel hangt precies de sfeer die je zou verwachten bij een zaakwaarnemer van zijn allure, al was het maar vanwege de schat aan voetbalmemorabilia die zich direct bij binnenkomst aan de bezoeker openbaart. Er is een rek met voetbalshirts vanuit de hele wereld, allemaal persoonlijk gesigneerd. Er hangt een ingelijst Barcelona-shirt van Henke Larsson boven een gigantische rood-witte stoel, waarin het logo van Arsenal en de naam Rob Jansen in de rugleuning zijn genaaid. Dat is een cadeau van Dennis Bergkamp, als dank voor het organiseren van zijn afscheidswedstrijd. Het PSV-shirt van Marco van Ginkel is ook achter ontspiegeld glas gevangen, daarnaast hangt minstens zo eerbiedig het Bayern-shirt van Roy Makaay. 'Een transfer om nooit te vergeten,' schreef de spits er met zwarte viltstift op.

Tegenover de bar, langs de complete muur, is een vitrine van museumformaat ingericht. Daarin opvallend veel spullen die herinneren aan zijn vader Karel, oprichter en godfather van de spelersvakbond VVCS, bondsbestuurder en voormalig speler van het ADO uit de jaren vijftig. Zijn antieke voetbalspullen steken mooi af tegen het gesigneerd Barcelona-shirt van Frank de Boer ('*Voor de gekste, gezelligste en meest humoristische makelaar van de wereld.*') en de biografie van Dennis Bergkamp, die dusdanig is tentoongesteld dat je nog net de boodschap kunt lezen die op het schutblad staat.

Voor Rob, niet alleen een fantastische zaakwaarnemer die ik altijd kon/kan vertrouwen, maar ook een echte vriend.

Bedankt, Dennis

De lange gang van het bedrijf heeft aan weerszijden werk- en vergaderkamers. Aan het einde ligt het kantoor van Rob Jansen zelf. Op weg daarnaartoe passeert de bezoeker een actiefoto van Marc Overmars – of *Marc Netto*, zoals hij in voetbalkringen ook wel wordt genoemd – met daarboven een ingelijst briefje van honderd gulden.

'Dat briefje is uit 2000,' vertelde Jansen op een dag. 'Ik had net zijn transfer van Arsenal naar Barcelona afgerond, voor een recordbedrag. Omgerekend zo'n veertig miljoen euro, nog steeds de grootste transfer aller tijden van een Nederlandse voetballer. Ik weet niet meer precies wat de aanleiding was, maar ik kreeg honderd gulden van Marc. Nou, dat is heel wat hoor, om geld te krijgen van Overmars. Dat is ongeveer net zo waarschijnlijk als dat Geert Wilders morgen moslim wordt. Maar het gebeurde. En om het nooit meer te vergeten, en als bewijs van het ongelooflijke, heb ik het dus laten inlijsten. Hangt hier al jaren. Elke keer wanneer ik hem zie, hebben we het er over en dan moeten we wéér lachen. Je zou het misschien niet zeggen maar hij heeft wel humor, die kleine.'

Dat blijkt ook wel, want ergens tussen de enorme stapels voetbalshirts die her en der verspreid in het kantoor zijn uitgestald of opgeborgen, moet zich ook nog diens oude Arsenal-tenue bevinden. Op de borst schreef Overmars toen een tweeregelige boodschap aan zijn zaakwaarnemer.

'Groot geworden dankzij mij. Geen dank.'

'O, kijk, hier heb je Nina,' zegt Rob Jansen eindelijk, wijzend op zijn mobiel. We vliegen inmiddels boven Beieren, maar het is gelukt. 'Dit is Nina op vakantie.' Op het telefoonscherm verschijnt een prachtig engeltje met lang, bruin haar, zittend naast haar lachende moeder in een gigantische vliegtuigstoel. Op de achtergrond staat de deur van de cockpit open. Je ziet nog net de contouren van de piloot. 'Nina is uit liefde tussen Esther en mij geboren,' zegt Rob Jansen altijd over de jongste van zijn drie kinderen. Hij raakt snel vertederd wanneer hij over haar praat. Hij probeert tussen alle bedrijven door ook een betrokken vader te zijn en slaagt daar best goed in. 'Beter in elk geval dan bij mijn eerste twee kinderen, Michael en Stephanie. Toen ben ik veel te veel met mezelf bezig geweest en veel te weinig met hen. En ook niet met mijn eerste vrouw Karin trouwens. Ik was monomaan bezig met mijn werk. Ik had wel iets liever en iets trouwer kunnen zijn, maar ik had te weinig oog voor anderen. Het heeft me een huwelijk gekost en heel veel schuldgevoel opgeleverd. Daar probeer ik van te leren.'

Tegenwoordig kan hij dus regelmatig worden waargenomen op het schoolplein of bij kinderfeestjes. Hij geeft zijn zesjarige dochter golfles en staat niet zelden in zijn eigen bijkeuken voorover gebogen over de kooi van Nina's cavia Ted, een gelukkig ogend en uitstekend doorvoed beestje dat door een van de grootste zaakwaarnemers van Europa regelmatig van voedsel, water en vers zaagsel wordt voorzien.

De foto die Jansen nu op zijn toestel laat zien, werd een tijdje terug genomen in een privé-jet op weg naar Sylt, een klein eiland voor de kust van Denemarken waar de familie een paar dagen vakantie vierde. Bij het bekijken van de afbeelding begint hij heerlijk te overdrijven.

'Tegen de tijd dat Nina de eerste keer op een gewone lijnvlucht zat, kon ze al praten. Ze deed halverwege de reis de gordijntjes van de businessclass open en keek toen in opperste verbazing naar alle passagiers die als haringen in een ton in de economy class zaten. Je zag dat kindje gewoon denken: Zou mijn papa al die mensen soms kennen, dat ze ook met ons vliegtuig mee mogen?'

★

-Jij zegt: iedereen bespeelt iedereen in mijn wereld.

'Correct.'

-Hoe dan?

'Je wilt een voorbeeldje uit de praktijk?'

-Graag.

'Nou, je kunt bijvoorbeeld de boel tillen door als technisch directeur van een voetbalclub bewust een verkeerde speler aan te trekken. Een speler die helemaal niet de beste keus is voor het elftal, maar wel de beste keus voor de portemonnee van de technisch directeur zelf. Door een deal te maken met de zaakwaarnemer van zo'n speler en te zeggen: *ik zorg er met mijn mening voor dat mijn club jouw speler koopt, ook al kunnen we hem eigenlijk niet gebruiken, maar dan wil ik wel de helft van de commissie die mijn club daarvoor aan jou gaat betalen. En ik ga die speler dusdanig roemen, dat die commissie zo hoog mogelijk is.* Maar andersom gebeurt het ook. Dat een zaakwaarnemer zich door een technisch directeur laat betalen om zijn speler voor een bepaalde club te laten kiezen, terwijl dat misschien helemaal niet de beste keuze voor de speler is. Hoe dan ook betekent het vaak een knak in de loopbaan van zo'n jongen, want zonder dat hij het weet is hij bij voorbaat al overbodig en komt dus op de bank te zitten. Toch gebeurt dat aan de lopende band. En ook op heel hoog niveau hoor, vergis je niet.'

-Ja?

'Natuurlijk. Eigenlijk alleen maar op hoog niveau, want daar zijn de bedragen tenminste interessant. Je kunt het natuurlijk ook bij Cambuur doen, maar dat heeft niet zoveel zin.'

-Wie zegt eigenlijk dat jij zelf betrouwbaar bent?

'Ik.'

-Oh.

'Ja.'

-Oké.

'Ik zeg dat, ja. En de tientallen grote spelers en clubmensen die ik al hun hele leven mag vertegenwoordigen. Het is heel simpel: ik ben gewoon niet geschikt om louche deals te doen. Kan ik niet, heb ik de gave niet voor. Kijk, ik ben echt nette Henkie niet. Ook Rob Jansen heeft zijn streken, natuurlijk. En ik weet heel goed hoe je *the game* moet spelen in de transferwereld. Héél goed. Maar ik zal nooit iemand bewust belazeren of beschadigen.'

-Nee?

'Nee. Dat zit niet in mijn aard. En zo ben ik door mijn vader en moeder ook niet opgevoed.'

★

Eenmaal geland in Istanbul gaat weer alles snel. Als eerste eruit, als eerste door de douane, als eerste buiten. Tussen het gekrioel en getoeter in de Turkse nacht volgt hij een man met een pikzwarte snor en een gebit als een loopgraaf, die een bordje in zijn handen houdt met daarop Mr. Robert Jansen. Hij is de privé-chauffeur van vandaag. Even later zit Mr.

Robert Jansen al op de achterbank van een geblindeerde SUV en ziet langzaam maar zeker de contouren van nachtelijk Istanbul aan de horizon opdoemen.

Jansen deed in zijn leven meer dan negenhonderd transfers tussen ontelbaar veel voetballers op alle continenten, van Adelaide FC tot Zenit Sint-Petersburg, en hoewel hij het merendeel van de details is vergeten, heeft hij toch in elke serieuze voetbalstad herinneringen liggen. Vlieg met hem mee naar Buenos Aires en hij zal je vertellen over de dag waarop hij adviseur werd van Boca Juniors, en over zijn avonturen met voorzitter Mauricio Macri, de huidige president van het land. Ga met hem naar Italië en je hoort over die keer dat hij in een showroom tussen glimmende wc-potten met de voorzitter van Brescia onderhandelde over de Roemeen Ion Sabau, omdat die man nu eenmaal in sanitair deed. En ga met hem door Noord-Londen wandelen en er schieten hem op elke straathoek verhalen te binnen over de meetings in Harrods met Fulham-voorzitter Mohamed Abdel Moneim Al-Fayed, de schoonvader van Princess Diana, of hij zal je amuseren met de avonturen van Glenn Helder bij Arsenal. 'Ik heb een zwak voor Glenn,' zegt hij dan, 'Ik ken hem mijn hele leven al. Glenn is in wezen een ontzettend lieve jongen, echt. Alleen een tikje impulsief. Ik weet nog dat hij net had getekend op Highbury. Een aardige mevrouw van Arsenal zou ons even rondleiden in Noord-Londen. De bedoeling was dat we naar huizen gingen kijken, maar Glenn wilde per se direct naar de BMW-garage. Ik heb hem toen niet meer op andere gedachten proberen te brengen, dat was zinloos. Dit was zijn ultieme jongensdroom, dit ging hij sowieso doen, klaar. Dan kon ik maar beter meegaan om er in elk geval voor te zorgen dat hij er niet meteen vijf tegelijk kocht, en om misschien een beetje te onderhandelen over de prijs. Het bezoek aan de showroom was heel kort. Glenn liep even rond, wees toen op de duurste en zei: die graag, in het zwart. Dat was het. Daarna kon ik in het kantoortje met die man aan de slag over de prijs.

Later op de dag stonden we in de etalage van een juwelierszaak te kijken. Die vrouw van de club wees op een exclusieve armband van Cartier. 'Ja? Vind je die mooi?,' vroeg Glenn en daarna liep hij al naar binnen om 'm voor haar te kopen. Toen heb ik hem wel even apart genomen. Zei ik: "Luister, dit is heel lief van je maar je bent hier net één dag. Zou je niet eerst eens een wedstrijdje gaan voetballen? En ben je nu werkelijk van plan om iedereen die aardig tegen je is, juwelen cadeau te doen? Ik weet niet of dat nou zo verstandig is, Glenn. Ik denk het eerlijk gezegd niet."'

We passeren de eerste moskeeën van de stad. Dit is het Aziatische deel van Istanbul. Alleen al aan deze kant van de brug wonen vijf miljoen mensen, onder wie sinds enige tijd ook Dick Advocaat uit de Haagse Majubastraat en diens assistenten Mario Been en Cor Pot. Rob Jansen heeft hen een paar maanden eerder samengebracht bij een van de grootste volksclubs ter wereld. Op de achterbank vertelt hij over de perspresentatie van Advocaat en Cor Pot. 'Toen het hele toneelstuk met die journalisten en cameraploegen voorbij was, zag ik Cor heel voorzichtig richting het parkeerterrein schuifelen. "Waarom loop jij zo gek?" vroeg ik. "Mijn hele knie ligt in puin," zei hij toen. Gelukkig was het niemand opgevallen. "Rob, als jij nou zorgt dat Been hier ook naartoe komt, dan kunnen we tenminste tegen elkaar aanleunen. Mario is net herstellende van een meniscusoperatie," zei Cor. Daar moest ik wel om lachen.'

Het was eigenlijk een grapje, maar een paar dagen later, tijdens een diner met Dick Advocaat, liet hij aan tafel toch al snel de naam Mario Been vallen.

'Ik zei dat we elkaar moeten helpen. En dat het een goed idee zou zijn om Mario aan de staf toe te voegen. Dick kende hem eigenlijk niet zo goed, maar gelukkig kon ik hem overtuigen. Ik zei: "Denk je nou echt dat er bij assistenten een groot verschil is tussen de één en de ander? Luister Dick, we hebben gewoon iemand nodig die beter kan lopen dan Cor, dat is alles." Daar moest-ie wel om lachen. Dus Mario kwam ook.'

De Nederlanders zijn hier pas kort, toch zijn twee van de drie al verhuisd. Advocaat voelde zich eenzaam in zijn gigantische filmsterrenappartement met uitzicht over de Bosporus en ging weer in een hotelsuite naast het stadion wonen, zoals hij gewend is, en Cor Pot had zijn prachtige woning verlaten omdat hij er op de allereerste morgen bij het ochtendgebed achter kwam dat zijn balkon aan de minaret van een gigantische moskee grensde.

'Die mannen zitten nu in trainingskamp. We zien ze pas na de wedstrijd van morgenavond. Waar en wanneer, dat is afhankelijk van de uitslag. En van het humeur van Aziz,' zegt Jansen op de achterbank.

Aziz is Aziz Yildirim, de steenrijke architect die al sinds mensenheugenis voorzitter van Fenerbahçe is. In 2011 werd hij gearresteerd wegens omkoping en werd hij beschuldigd van leidinggeven aan een criminele organisatie. Hij kreeg zes jaar celstraf, en zat daarvan daadwerkelijk een paar maanden in de cel, voordat hij werd vrijgesproken van wat hij zelf als een politieke afrekening beschouwt.

'We kijken de wedstrijd morgen in de privé-box van Aziz, of vanaf het ereterras. Eén van de twee. Kleed je in elk geval een beetje normaal aan. Geen gympies, geen spijkerbroek. Stropdas zou leuk zijn. Als Fenerbahçe wint, is de kans groot dat de president de hele nacht een restaurant afhuurt en iedereen uitnodigt. Dan moeten wij ook mee en dan kun je er niet als een zwerver bijlopen. Als er wordt verloren, kun je trouwens wel gewoon je spijkerbroek aanhouden. Of desnoods je joggingpak, want dan komen we het hotel toch niet meer uit. Dan wordt het een clubsandwich in de lobby, dan kan Dick echt de straat niet op, dat is levensgevaarlijk. Laten we dus maar hopen dat Fenerbahçe wint. Dat is beter voor onze spijsvertering.'

*

-Neymar is de eerste voetballer voor wie een club 220 miljoen euro betaalde. Waar ligt de grens?

'Grens? Welke grens? Jongen, er is helemaal geen grens.'

-Hoe weet je dat zo zeker?

'Daarvoor hoef je alleen maar naar de geschiedenis te kijken. Ga maar na: in 1972 ging Johan Cruijff van Ajax naar Barcelona, voor zes miljoen gulden. Dat leidde tot Kamervragen in Nederland. 'Welk mens is zes miljoen waard?' stond er met dikke letters in de krant. Vijftien jaar later, in de zomer van 1987, ging Gullit voor 17 miljoen gulden naar AC Milan. Wéér het hele land op de achterste benen. Daarna Jonk en Bergkamp voor 32 miljoen gulden naar Inter. Een Europees record. Dat weet ik, want die transfer deed ik zelf. Maar de gekte brak pas echt uit in 1997, toen Ronaldo van FC Barcelona naar Inter ging.'

-Hoezo?

'Barcelona had een bedrag van 60 miljoen gulden als gelimiteerde afkoopsom in het contract laten opnemen. Een formaliteit, een bijna fictief bedrag, zó astronomisch hoog dat niemand ooit zo gek zou zijn om het daadwerkelijk te gaan betalen. Tot Inter zich meldde en het ineens – boem! – zo op tafel legde. Toen was het hek van de dam. Het werd een trend. Zo worden telkens grenzen doorbroken. Binnenkort wordt er een speler voor 250 of misschien wel 300 miljoen euro verkocht, let maar op.'

-Loopt het niet een beetje uit de hand allemaal?

'Op zich heb ik er niets tegen. Er zitten uitgebreide rekensommen achter zo'n transfer. Dankzij marketing- en tv-gelden wordt die investering weer verantwoord. Clubs als Real Madrid hebben de aankoopsom van hun sterren er soms al uit voordat die speler überhaupt een bal voor de club heeft getrapt. Op de eerste dag van Neymar bij PSG werden er al 10.000 shirts verkocht met zijn naam erop. Maar vaak is het ook de politiek die op de achtergrond een rol speelt. De komst van Neymar is vooral mogelijk gemaakt door een fonds uit Qatar.'

-Ik snap wel dat jij er allemaal niets op tegen hebt. Het is goed nieuws voor de makelaar, pardon, de Executive Vice President en Managing Executive Global Football.

'Natuurlijk wordt er in mijn wereld heel veel geld verdiend. Dat zal ik niet ontkennen. Ook door Wasserman. Maar *so what*? Als dat op een ordentelijke wijze gebeurt, is daar niets mis mee.'

-Nee?

'Nee. Er worden wekelijks schilderijen over de hele wereld voor vergelijkbare bedragen verhandeld en daar doet nooit iemand verontwaardigd over. Wat een onzin. Waarom zijn Picasso en Van Gogh wel 200 miljoen waard en Messi niet? Hij biedt net zoveel mensen minstens zoveel plezier. Misschien nog wel meer. Sterker nog, als je het secuur zou gaan uitrekenen, wordt Messi misschien juist wel onderbetaald. Ik sluit het niet uit. '

★

Rob Jansen is net wakker op zijn eerste dag in Istanbul, buiten schijnt de zon over de jachthaven en waaien de eerste supportersgeluiden al vanaf de straat zijn kamer binnen, wanneer een zwijgzame kelner zijn ontbijt serveert. Hij begint de dag bij voorkeur niet in een zaal met andere hotelgasten maar eet liever in de beslotenheid van zijn eigen kamer. Wolf Blitzer van CNN is de enige die hij zo vroeg op de ochtend als tafelgenoot kan verdragen.

Het is zes uur voor het begin van de Intercontinentale Derby, de eeuwige strijd tussen het heetgebakerde Fenerbahçe en het minstens zo heetgebakerde Galatasaray, maar de straten rond het Wyndham Grand Istanbul Kalamis Marina Hotel kleuren al geel-blauw met zenuwachtige supporters. Ze zijn met de auto gekomen uit Ankara, met de bus uit Izmir, met het vliegtuig uit Berlijn en Brussel, uit alle gaten en hoeken van Europa zijn er Turkse supporters naar hier getrokken om hun club naar de overwinning te krijsen.

Dit is hardcore Fenerbahçe-gebied. Het stadion ligt een paar honderd meter verderop. Je zou het makkelijk kunnen lopen vanavond, maar dat is niet de bedoeling. 'We worden twee uur voor de wedstrijd opgehaald door auto's van de club en de parkeergarage onder het stadion in gereden, tot aan de lift naar de tribune. Anders is het te gevaarlijk. Dieuwke Advocaat gaat ook met ons mee. Stel dat Fenerbahçe voor het eerst in zeventien jaar de derby verliest. Denk jij dat het dan een goed idee is om na afloop met de echtgenote van de trainer over straat te gaan? Zelfs een taxirit is dan al vragen om problemen. Nee, we nemen geen risico. Dit is echt iets anders dan Spakenburg-IJsselmeervogels, hoor. Dit is een van de heftigste derby's ter wereld. Hier komt standaard het leger aan te pas.'

Maar dat is allemaal vanavond pas. Eerst moet er nog een dag worden gevuld. Dus zit Jansen iets na tienen met oordopjes op een fiets in de gym onder het hotel en ziet hij in grote spiegels hoe zijn hoofd steeds roder wordt. Tussen het trappen door checkt hij geregeld zijn telefoon op inkomende berichten, want het werk gaat altijd door.

Vroeger wilde hij gymleraar worden. Hij meldde zich aan bij de HALO, behaalde tussendoor zijn oefenmeester 1-diploma en werd als jonge voetbaltrainer een bescheiden fenomeen in de Haagse amateurwereld. Tegenwoordig sport hij vooral thuis, in de kelder, waar hij een compleet fitnesscentrum heeft laten inrichten, inclusief stoombad, sauna en infraroodruimte voor na afloop. Ook wandelt hij regelmatig urenlang in straf tempo door de Scheveningse duinen – intussen telefoontjes plegend, dat wel – want hij doet veel om lichamelijk fit te blijven, als compensatie voor alle stress, vlieguren en ontelbare zakendiners.

Even later schuifelt hij dan ook in zwembroek en op witte badstof-slofjes door de lange gangen van de Health Club, opent per ongeluk de deur van de dameskleedkamer, wat zelden een goed idee is in een islamitisch land, neemt een stortdouche, een stoombad, wipt even de sauna in en uit, om vervolgens frisgewassen en in een dikke badjas plaats te nemen op een ligstoel, de telefoon te pakken, en twee cappuccino's en twee ultragezonde smoothies te bestellen.

'Straks spuiten de vitaminen je oren uit, let maar op,' zegt hij.

Daarna doet hij zijn ogen dicht en droomt even weg.

'Een goede onderhandelaar is een *predator*,' had Jansen in de geblindeerde SUV gezegd. 'Net als een roofdier wacht hij geduldig op het juiste moment om toe te slaan.'

Die avond staat hij naast mevrouw Advocaat in de presidential box van het Sükrü Saracoglustadion en luistert naar het Turkse volkslied. Onder hem, op het veld, ontvouwen de spelers van Fenerbahçe en Galatasaray een spandoek dat herinnert aan de coup in Turkije. 'Wij zullen vijftien juli nooit vergeten' staat erop.

Als de scheidsrechter heeft gefloten en Wesley Sneijder de bal namens Galatasaray naar Nigel de Jong heeft getikt, knikt Aziz Yildirim in de presidential box plechtig naar zijn gasten en trekt zich terug in een privé-kamer. Daar, achter een gesloten deur en met zijn rug naar het veld, kijkt hij op televisie met een kleine vertraging naar de wedstrijd die zich realtime achter hem aan het afspelen is.

Op de tribunes breekt zoals gebruikelijk negentig minuten lang de hel los. Fenerbahçe wint weer, met 2-0 dit keer, dankzij twee goals van Van Persie. De stemming op en rond het veld grenst af en toe aan het hysterische. Gelukkig blijft ook Dick Advocaat zichzelf en staat zich een halve minuut voor het eindsignaal tegenover de vierde man nog enorm op te winden over niets. De fans belonen hun ploeg na afloop met een overdosis liefde. Duimen worden omhoog gestoken, stoppelige Turkse wangen gezoend, bezwete shirts in het publiek gegooid. Iedereen is hier dolblij. Iedereen, behalve de fans van Galatasaray.

En Rob Jansen.

Een kwartier na de wedstrijd schudt hij in de buik van het stadion het hoofd. 'Ik heb de wedstrijd nauwelijks kunnen volgen. Het merendeel van de tijd heb ik met Henke Larsson geappt. Hij is vanavond in Zweden gedegradeerd als trainer van Helsingborg. Toen is het helemaal misgegaan. Tijdens de wedstrijd zijn er hooligans met bivakmutsen het veld op gekomen en hebben z'n zoon Jordan, de spits, aangevallen. Ze dwongen hem zijn shirt uit te doen. Die jongen is kapot. Henke wil dat zijn zoon geen dag langer meer voor de club speelt. Ik moet nu gaan regelen dat-ie daar zo snel mogelijk weg kan. Kom, de auto in, we gaan terug naar het hotel. Ik moet even wat mensen bellen. Godzijdank is er geen feestmaaltijd aangericht door die voorzitter. Ik ben niet in de stemming.'

Het klinkt bijna verdacht in de keiharde wereld van de voetbalmiljoenen, maar Rob Jansen beschouwt Henrik Larsson niet zozeer als een cliënt, maar als een boezemvriend. Wanneer hij onderweg naar het hotel een persfoto van een huilende Larsson op zijn telefoon ontvangt, is hij zichtbaar aangeslagen. 'Wat een tuig,' zegt hij, een paar keer.

Daarna is hij voor het eerst en bij hoge uitzondering minutenlang stil.

Larsson leerde hij in het begin van de jaren negentig kennen in De Kuip, een onbekende, stille Zweeds jongen met blonde rastakrullen en een huidskleur die herinnerde aan zijn Kaapverdische vader. 'In Zweden had hij veel last gehad van zijn afwijkende uiterlijk. Discriminatie, racisme, met dat soort dingen kreeg hij al vroeg te maken. Het had hem tot een heel wantrouwige jongen gemaakt. Stil en stug. Iemand die zich niet snel gaf. Ik herinner me nog de eerste keer dat we zakelijk met elkaar aan de slag gingen. 'Denk maar niet dat je nu mijn vriend bent,' zei hij toen, 'want dat ben je niet.' Zo was hij in het begin: afstand scheppen. Maar later zijn we alsnog heel close geworden. We liggen elkaar, hebben veel samen meegemaakt, onze families kennen elkaar, we gaan met elkaar met vakantie, we zijn heel hecht. Henke is echt een boezemvriend.'

Op veel gebieden is Rob Jansen een snel te raken mens. Vriendschappen kunnen hem ontroeren, wat gelijk ook verklaart waarom verraad hem zo hard treft. 'Er bestaat een mooie foto van ons samen. Henke en ik staan voor het Hotel Princesa Sofia in Barcelona. We hebben net de transfer naar Barcelona, zijn droomclub, gerealiseerd. De manier waarop hij me dán aankijkt, die blik, dat maakt die foto voor mij heel waardevol. Het is een mengeling van echte vriendschap en ook oprechte dankbaarheid. Ja, dat kan mij ontroeren. Daar schaam ik me niet voor. De transferwereld wordt altijd afgeschilderd als een keiharde business, een jungle waar voor gevoelens geen ruimte is. Onzin. Het is juist tegenovergesteld. Het is vaak alleen maar emotie. Ik kan soms ook nog heel erg geraakt worden in mijn werk. Ik herinner me de transfer van Leroy Fer, op de valreep naar Norwich City. Veel problemen, veel tijdsdruk, veel media-aandacht, veel haken en ogen, veel onzekerheid, twijfels over zijn fysieke gesteldheid... En als het dan lukt, en je ziet de dankbaarheid en de tranen bij die jongen en zijn familie, ja, dan ga ik daar ook in mee. Dat zijn heel mooie momenten en die koester ik ook.'

Fenerbahçe-Galatasaray is twintig minuten geleden afgelopen. Rob Jansen is met Zweden aan het bellen in een hoek van de hotellobby, waar zich inmiddels op barhoogte een Nederlandse enclave heeft genesteld bestaande uit de dames Advocaat, Been, Pot, kinderen en een hele sliert vrienden en bekenden van de Nederlandse trainersstaf. Ook Esther is inmiddels in Istanbul. De chauffeur heeft haar halverwege de eerste helft voor het hotel afgeleverd.

Er heerst grote opluchting bij iedereen hier, grote dorst ook. Als na een halfuur Mario Been en Cor Pot binnenkomen, staan de tafels al vol drank. De assistenten worden onthaald met een enthousiasme alsof ze zojuist zijn teruggekeerd van Operation Market Garden, in plaats van een voetbalwedstrijd.

En dan, een halfuur later, als in het stadion ook de allerlaatste journalist van een quote is voorzien, begint de lobby eerst te zoemen en daarna enthousiast te applaudisseren voor de kleine generaal himself, Dick Advocaat, die nu als een Romeinse veldheer over het marmer richting zijn echtgenote schrijdt, vriendelijk knikkend naar buigende bellboys en de klikkende camera's onderweg.

Iedereen krijgt een knuffel. Ook Jansen, die inmiddels is uitgebeld.

'Lekker, Dickie,' fluistert die lachend in zijn oor.

'Ik mag weer een weekje langer blijven, Rob,' zegt Advocaat.

'Ja,' zegt Jansen, 'Ik ga morgenochtend gelijk je contract laten openbreken.'

★

-Jouw branche heeft niet bepaald een brandschoon imago.

'Klopt. En op veel punten is dat zelfs terecht. Dat is ook de reden dat ik juist voor strengere regelgeving en controle ben, in plaats van alles maar vrijgeven. Maar er zijn ook positieve uitzonderingen. Alleen wordt dat om de een of andere reden zelden erkend.'

-Is dat zo?

'Ja, deze beroepsgroep wordt altijd ingeschaald naar de slechtste voorbeelden, nooit naar de goede. En weet je waar ik ook zo moe van word?'

-Nou?

'Het eeuwige verwijt dat alle makelaars constant hun spelers aanbieden, om zo veel mogelijk commissie op te strijken.'

-Is toch ook zo?

'Welnee. Natuurlijk, het gebeurt, alles gebeurt. Maar lang niet altijd en bij iedereen. En vaak gebeurt het ook in opdracht.'

-Van de speler?

'Van de speler, de club, de manager, de broer van de speler, de neef, de moeder van de neef... Dat gaat de hele dag door. Er kwam net nog een telefoontje binnen op mijn kantoor. Vijf minuten geleden. Iemand van het kamp Arjen Robben. Hij kan bijtekenen bij Bayern. Maar of ik toch niet een keer voor de gezelligheid bij Manchester City kon checken of er daar soms óók interesse was in onze Arjen.'

-En?

'Nou, ik zal Txiki Begiristain wel bellen. Geen probleem. Ik wil alleen maar zeggen: vaak zijn het ook de spelers zelf die ongeduldig zijn en zich aanbieden, niet altijd hun managers.'

★

De volgende morgen. Het moet nog acht uur worden, maar de eerste zaken zijn alweer gedaan. Het contract tussen Helsingborg en Jordan Larsson is nog vóór het ontbijt in Zweden door advocaten ontbonden. Jansen kan op zoek naar een nieuwe club. Hij denkt aan N.E.C., al is er voor zover hij weet geen cent in de clubkas. Maar als hij Larsson voor een opleidingsvergoeding naar Nijmegen kan laten komen, is hij desnoods bereid deze zelf te betalen. 'Dat verreken ik dan wel weer bij een eventuele transfer straks. Die jongen moet gewoon voetballen.'

Maar dat is allemaal van later zorg. Voorlopig stapt hij nu samen met Dick Advocaat in een fris gewassen Audi Q7, op weg naar het trainingscomplex van Fenerbahçe, voor de uitlooptraining.

In de auto van de trainer ruikt het naar verse cappuccino.

'Coffee, sir?' vraagt de chauffeur.

'Yes please,' zegt Advocaat vanaf de achterbank. 'Thank you very much.'

'No problem, sir.'

De chauffeur haalt elke ochtend uit zichzelf verse koffie voordat hij de oefenmeester naar het trainingsveld rijdt, want Advocaat is populair bij al het personeel van de club. Dat komt doordat Advocaat, in tegenstelling tot veel van zijn voorgangers, niet net doet alsof de portiers, de schoonmakers en de bewakers van Fenerbahçe's trainingscomplex uit poep bestaan. Elke ochtend geeft hij iedereen bij binnenkomst plechtig een hand, van de conciërge en de masseur tot de tuinman, wat hier als een verregaande vorm van nederigheid wordt gezien voor een coach van zijn statuur.

Eenmaal gearriveerd in de eetzaal druppelen de eerste spelers binnen voor de ochtendtraining. Volkan Demirel, de boomlange keeper van het Turks elftal – bijnaam: De Stier van de Bosporus – komt met een grote lach op Rob Jansen af. *'How are you, my friend?'* zegt hij. Jeremain Lens zwaait vriendelijk terwijl hij aan het facetimen is met zijn familie in Nederland en ook Robin van Persie meldt zich even later om een hand te schudden en een praatje te maken. Iedereen is hier opgelucht, blij. Met de zege op de aartsrivaal is het seizoen al zo goed als geslaagd. Alleen Gregory van der Wiel sloft chagrijnig voorbij en zegt niks. Dit is waarschijnlijk omdat hij een boete van 75.000 euro heeft gekregen, nadat hij te laat was teruggekeerd van een fotoshoot die hij en zijn vriendin, een Belgisch topmodel, in Zwitserland hadden, waardoor hij de maandagochtendtraining had gemist. Zelfs voor Fenerbahçe-begrippen was dit een fikse straf.

Even later, op het trainingsveld, zal opvallend genoeg geen van de Nederlandse trainers één woord met Van der Wiel wisselen. De stemming is ontspannen. Van Persie is binnen gebleven, samen met de andere basisspelers, de rest wordt getraind door Mario Been. 'Hij is de enige van ons drieën die dat nog kan,' lacht Cor Pot langs de kant. Jansen onderhoudt zich intussen met de technisch directeur van Fenerbahçe en informeert voorzichtig of er soms nog behoefte is aan versterking.

'Ik ken Rob al heel lang,' zegt Dick Advocaat na de training, wanneer hij is teruggekeerd in het hotel, waar hij zich achter de zoveelste cappuccino van de dag heeft gezet. Daarnet kon je hem in de lobby snel door de Turkse sportkranten zien bladeren. Elke pagina waarop een foto stond van Cor Pot scheurde hij uit. 'Zelf interesseert het me niet meer of ik wel of niet in de krant sta, maar Cor vindt het leuk. Ik zal ze voor hem bewaren,' zegt hij, want hoewel Dick Advocaat langs de lijn soms kan ontsteken in John McEnroe-achtige woede aanvallen, is hij in het dagelijks leven een vriendelijk en warm mens.

Over Rob Jansen zegt hij dingen als:

'Rob is een verschrikkelijk harde werker. Hij zit van 's morgens vroeg tot diep in de nacht op zijn kamer te bellen en te schrijven. Anders kun je het ook niet zo ver schoppen op dit niveau. Hij is een topper, hoor. Hij heeft een heel grote naam in onze wereld, vergis je niet. Rob is een grote meneer in Europa. Dat vind ik mooi, daar ben ik bijna trots op, dat een jongen uit Den Haag dat voor elkaar heeft.'

en:

'Hij kent iedereen en hij heeft een groot hart. Maar daarnaast kan hij ook heel zakelijk zijn. Al die dingen kunnen naast elkaar bestaan bij hem.'

en:

'Rob is een intelligente man. Verbaal is hij heel sterk. Hij kijkt niet tegen mensen op. Of hij nu tegenover een Saoedische prins zit, of een of andere multi-miljardair, dat interesseert hem niet. Hij is in alle gezelschappen zichzelf.'

en:

'Rob had ook politicus kunnen zijn. Hij heeft aan een groot aantal mensen een bloedhekel, maar dat zie je niet aan hem wanneer hij ze tegenkomt. Hij kan met zijn grootste vijand eten, als het moet.'

en:

'Wat ik mooi vind aan Rob: hij kent van iedereen in de voetbalwereld de salarissen, maar hij noemt nooit een bedrag. Ik vraag weleens, voor de grap: zeg Rob, die Bergkamp, wat verdient die nou? "Hij mag niet klagen," zegt Rob dan. Of: "Redelijk." Mooie eigenschap. En het is ook slim, want in zijn vak moet je discreet zijn. Hij heeft een prachtige loopbaan, waar hij trots op mag zijn. Als je ziet hoe dat bedrijf is gegroeid, daar moet je echt een fenomeen voor zijn.'

En:

'Ik weet niet of het er ooit nog van komt, maar diep in zijn hart heeft Rob maar één wens. ADO terugkopen en weer succesvol maken. Dat zit heel diep. Volgens mij heeft hij dat op het einde van diens leven aan zijn vader beloofd.'

★

-Soms word jij door een club ingehuurd om een transfer te doen.

'Correct.'

-Maar waarom heeft een club uitgerekend Rob Jansen uit Den Haag daarvoor nodig?

'Omdat ik als adviseur goud waard kan zijn.'

-Hoezo?

'Omdat ik over kennis beschik die zij niet hebben. Kennis die miljoenen waard kan zijn in onderhandelingen tussen de club en de beoogde speler. Omdat ik het internationale netwerk heb om de speler en zijn prijs te toetsen. Kunnen ze zelf niet. Ze denken van wel, maar dat is niet zo.'

-Geef eens een voorbeeld.

'Nou, ik weet bijvoorbeeld met één of twee telefoontjes of er een gelimiteerde transfersom is afgesproken met een speler. Bijvoorbeeld een afspraak tussen topscorer en voorzitter dat hij bij een bod hoger dan 15 miljoen mag vertrekken. Als jij dat als kopende club niet weet en de onderhandelingen nietsvermoedend opent met een bod van 18 miljoen, heb je dus in één klap drie miljoen in de gracht gegooid. Snap je?'

-Ja.

'Had je beter mij kunnen bellen, want ik weet het namelijk wel.'

-Wat nog meer?

'Ik kan clausules lichten, ik weet aan medische rapporten

van spelers te komen, ik kan om serieuze second opinions vragen, ik kan de markt inschatten op eventuele betere alternatieven en nog honderd andere dingen die zij niet kunnen. Dat is namelijk mijn vak.'

*

Succesvol zakendoen in de coulissen van het topvoetbal komt voor een belangrijk deel aan op goede timing. Rob Jansen had dat al een paar keer benadrukt. De tijd moet rijp zijn, anders heeft het allemaal geen zin.

Op deze vierdaagse trip is de tijd blijkbaar rijp op de dag voor vertrek, om precies 15:38 uur, Turkse tijd. Dan staat Rob Jansen na een autoritje met Dick Advocaat naast de trainer te wachten op de komst van de hotellift en voelt hij aan zijn water dat dit het moment is.

Dat klopt ook, want tegen de tijd dat het tweetal na vier etages op de *executive floor* is aangekomen, heeft Rob Jansen de informatie binnen die hij wilde. Fenerbahçe zoekt voor de komende transferwindow nog een vleugelspits en een multifunctionele middenvelder, én, heeft Advocaat hem op de gang nog even gezegd, een extra linksback zou ook niet verkeerd zijn. Het is een gesprek geweest van hooguit vijf minuten, maar Jansen weet meer dan genoeg.

Eigenlijk was hij van plan nu naar de sauna te gaan, daarna een gezonde smoothie te bestellen en even zijn ogen te sluiten in de relaxkamer met de witlederen fauteuils en de rustgevende groene verlichting, maar in plaats daarvan vertrekt hij naar zijn hotelkamer en slaat driftig aan het telefoneren.

Diezelfde avond, in de beslotenheid van het verfijnde Italiaanse restaurant Zio Mario, nadat Jansen, Advocaat en Pot aan een lange tafel uitvoerig de menukaart hebben bestudeerd, er cola voor geheelonthouder Advocaat is gearriveerd en de eerste fles Sauvignon Blanc voor de rest, zet Jansen zijn leesbril op en neemt het woord.

'Goed,' zegt hij, 'dit is wat ik uit de markt door krijg.'

Advocaat zet zijn glas opzij, vouwt zijn handen onder zijn oksels en gaat achterover zitten. Zijn assistenten spitsen hun oren. Been legt zijn menukaart neer. Pot niet.

Jansen: 'Anderson Hernanes, een box-to-boxspeler. Bekend, neem ik aan?'

Mario Been begint meteen te knikken. Hernanes is van Juventus. Als ex-speler van Pisa houdt hij de Italiaanse Serie A goed bij.

'Geen slechte speler,' zegt Been.

Jansen: 'Nee, lijkt me niet, nee.'

Advocaat: 'Duur?'

Jansen: 'Transferbedrag is nu nog 10 miljoen euro, maar mijn mensen zeggen dat dat waarschijnlijk minder wordt. Salaris is wel 3,2 miljoen per jaar. Netto, uiteraard.'

Niemand aan tafel lijkt hiervan te schrikken, zelfs Dick Advocaat niet. Hij zit nog steeds roerloos op zijn stoel en zegt niets. Alleen Cor Pot praat. Die zegt dat hij eigenlijk wel trek heeft in een tomatensoepje vooraf.

'Wat ik ook nog doorkreeg,' zegt Jansen, 'is ene Cheikh N'Doye. Van Angers.'

Been: 'Wat?'

'Een tomatensoepje,' zegt Pot.

Been heeft zijn telefoon al in zijn hand om de naam van de speler te googelen.

'N'Doye, van Angers,' zegt Jansen, met een afkeurende blik richting telefoon van Been. 'Schijnt een fysiek sterke speler te zijn, met scorend vermogen. Hij heeft nog zes maanden contract.'

Advocaat: 'Dat is een voordeel.'

Jansen: 'Ja. Je bent hem alleen wel kwijt voor de Afrika Cup.'

Advocaat: 'Wat? Nee, daar heb ik niks aan, Rob. De Afrika Cup.... Denk je dat ik een gaatje in mijn hoofd heb, met je Afrika Cup? Vergeet hem.'

Jansen: 'Jawel Dick, maar...'

Advocaat: 'Vergeet hem, Rob.'

Jansen: 'Oké, dan heb ik ook nog Rincón van Genua, vraagprijs acht miljoen, Gradel van Bournemouth, salaris anderhalf miljoen netto, maar speelt ook Afrika Cup...'

Advocaat: 'Rob, alsjeblieft...'

Jansen: 'Oké, oké, rustig maar. Even zien, wat hebben we nog meer in de hoge hoed? Euh... mag ik van u, van de vleugelspitsen?... O ja, Yannis Salibur van Guingamp. Kennen jullie die ook al niet? Tjongejonge, waar zit ik mee aan tafel? S-A-L-I-B-U-R. Kan aan de rechter- en linkerkant spelen. Van origine een linkspoot.'

Pot: 'Dat is een sterke speler. Ik ken hem wel.'

Jansen: 'Precies.'

Pot: 'Hij heeft ook scorend vermogen.'

Jansen: 'Juist, Cor, juist. Correct. Nou, wat nog meer? O ja, Kamil Grosicki van Rennes.'

Pot: 'Ja, ik denk dat ik toch de tomatensoep neem.'

Jansen: 'Wat?'

Pot: 'Die is hier heel goed.'

Jansen: 'Natuurlijk is hij goed, die jongen is Pools international. Vaste waarde volgens mij, maar dat kan ik mijn mensen zo laten uitzoeken. En hij heeft al eerder in Turkije gespeeld.'

'Ja. Bij Sivasspor,' zegt Pot, 'maar volgens mij heeft hij ook een drankprobleem.'

'Daar heb ik geen zin in hoor, in een drankprobleem,' zegt Advocaat, de geheelonthouder.

Jansen: 'Geen punt, gaat hij van de lijst. Is waarschijnlijk toch te duur. Maar dat is al snel bij jou, hè Dick, dat het te duur is?'

De trainer schiet in de lach. Van Jansen kan hij veel hebben. Ze kennen elkaar al sinds hun jeugd in Den Haag, toen ze allebei zo ongeveer op het veld van ADO woonden. Vroeger voetbalden ze met elkaar op een trapveldje in de Haagse wijk Mariahoeve, in hun vrije tijd, voor de lol, hoewel Advocaat toen ook nog wekelijks op het middenveld van FC Utrecht aan het bikkelen was. En nog niet eens zo heel lang geleden kwamen ze regelmatig bij elkaar op locaties als het Scheveningse Kurhaus en Hotel Des Indes, waar ze samen met Kees Jansma, advocaat Harro Knijff en sportbestuurder Maarten Fontein de mogelijkheid onderzochten om gezamenlijk ADO Den Haag te kopen.

'Weet je wie ik nou wel goed vind?' zegt Advocaat. 'Die jonge rechtsback uit het tweede van Manchester City. Die Spanjaard. Hoe heet hij?'

'Geen idee, maar daar zijn we zo achter,' zegt Jansen. Tijdens het uitserveren van de voorgerechten, stuurt hij een kort bericht naar de groepsapp van zijn kantoorgenoten.

Check even rechtsback Man City-2 aub.

Gr., Rob.

Tegen de tijd dat Cor Pot zijn servet tussen zijn boord begint te stoppen, stoot Jansen zijn oude vriend Advocaat al aan.

'Hij heet Pablo Maffeo, die jongen uit het tweede waar jij het over had. Hij heeft al eens bij de selectie van het eerste van City gezeten. We checken hem nu verder voor je. Mijn mensen zijn al aan de slag, in Nederland en in Engeland.'

Hij lacht en knikt naar Been, die de naam van de rechtsback aan het intikken is op zijn telefoon.

'Ga nou maar rustig eten, Mario. Mijn netwerk is sneller en betrouwbaarder dan dat hele Google van jou, hoor. Laat je soep niet koud worden. Tegen de tijd dat we straks aan het dessert zitten, weten jullie alles.'

★

'Ik verbaas me er nog altijd over hoe achteloos ouders van jonge spelers voor een zaakwaarnemer kiezen. Soms vraag ik ze waarom ze een bepaalde keuze hebben gemaakt. "Ja, die-en-die speler zei dat-ie wel goed was", hoor je dan. Of: "Ja, hij gaf ons een envelop met 50.000 euro erin, voor de hypotheeklasten. En dat hadden we hard nodig."'

-Dat gebeurt?

'Ja. Natuurlijk. En wie ben ik dan om te zeggen dat ze die envelop niet moeten aannemen?'

★

Weinig mensen weten het, maar twee jaar geleden werd Rob Jansen gegijzeld. Het gebeurde op een doodgewone woensdagavond, middenin Den Haag. Hij was zoals altijd aan het werk, toen er twee mannen zijn kantoor binnenkwamen. Ze trokken een zak over zijn hoofd en werkten hem hardhandig naar buiten. Daar werd hij in een busje geduwd en afgevoerd. Even later voelde hij hoe hij op hoge snelheid door Den Haag werd gereden.

Jansen werd op de achterbank geboeid. Hij probeerde zich in te beelden welke route er werd genomen, maar na drie straten was hij de draad al kwijt. De rit duurde ongeveer een kwartier. Er werd niet gesproken in het busje. Wel hoorde hij telkens een vreemd, metaalachtig geluid, zoals bij een klikkend fototoestel, of een revolver die wordt doorgeladen. Hij probeerde rustig te blijven, maar merkte dat hij zwaar begon te transpireren. Toen ging de deur van de bestelbus weer open en werd hij naar buiten geduwd.

Het was opvallend stil om hem heen. Hij voelde de wind langs zijn wangen en hoorde alleen een paar meeuwen en het geraas van verkeer op een snelweg. Zijn ontvoerders pakten hem bij de arm en leidden hem over drempels en stoepranden naar een nieuwe locatie. Halverwege de tocht voelde hij de ondergrond waar hij op liep veranderen. Eerst asfalt, daarna steen, daarna gras. Toen eindelijk zijn blinddoek af ging en zijn ogen waren gewend aan het felle licht, keek hij recht in de gezichten van Dennis Bergkamp en Roy Makaay.

Rob Jansen leerde het vak in de praktijk, als opgroeiende jongen in een huis aan de Haagse Laan van Meerdervoort. Daar draaide alles om voetballers. Als oprichters en enige bestuursleden van de spelersvakbond Vereniging van Contractspelers (VVCS), voerden zijn vader en moeder er vanachter de geraniums een levenslange strijd tegen de regenten van de KNVB. Ze waren de eersten die opkwamen voor de rechten van de professionele voetballer.

Hij kende een andere jeugd dan zijn vriendjes op school. Gelijktijdig met de gouden generatie Cruijff-Van Hanegem groeide de huiskamer van het gezin uit tot een rood bastion binnen het krachtenveld van het Nederlandse voetbal. Grootste tegenstanders van het echtpaar: de voetbalbond én de gewetenloos graaiende commerciële makelaars die zich op de ontluikende spelersmarkt hadden gestort. Vooral die laatste groep moest zo snel mogelijk worden uitgeroeid en kleine Rob moest daarbij helpen.

Maar het liep allemaal ietsje anders.

Kleine Rob ging inderdaad helpen, maar concentreerde zich als vakbondsman al snel op het individueel begeleiden van topspelers. Hij werd er ook heel snel opvallend goed in. Sport-Promotion, een aparte tak die binnen de VVCS voor spelersbegeleiding werd opgericht, zorgde er in de jaren tachtig en negentig voor dat de pensioenpot van de voetballers bijna overstroomde, met Rob Jansen als oprichter en grote voortstuwer. Tot hij vond dat hij de vakbond waar zijn ouders hun leven aan hadden gewijd, was ontgroeid. Jansen kocht de naam Sport-Promotion en begon op commerciële basis voor zichzelf, al snel gevolgd door het merendeel van de topspelers die hij als VVCS-man had begeleid.

Hij werd er door sommigen voor verketterd. De vakbondszoon die was gevallen voor het grote geld, zo werd hij door velen gezien. Hij deed niets illegaals, en van zijn vader ontving hij al snel diens zegen en ook hulp, maar desondanks voelde het aan alsof de zoon van Willem Drees had aangekondigd bij nader inzien toch maar vastgoedspeculant te worden.

Zelf herinnert hij het zich allemaal als volgt:

'Mijn vader heeft me deze wereld in getrokken. Dit werk is nooit een droom van mij geweest. Het vak bestond ook niet, toen ik jong was. Er was hulp nodig bij de vakbond maar er was geen geld, dus moest ik het maar doen. Ik zat op de HALO. Ik wilde gymleraar worden en voetbalde zelf nog. Maar ik ging ook samenwonen en had centjes nodig, dus heb ik het maar gedaan.

Het ouderlijk huis was ook het kantoor. Mijn moeder zat in de woonkamer met krulspelden in het haar naar de KNVB te bellen. Hele dagen was dat het beeld bij mij thuis: mijn moeder sigaretten rokend achter de typemachine, mijn vader schrijvend en bellend aan zijn bureau en ik achterin aan een tafel, enveloppen dichtplakkend of iets anders onbenulligs. Ik vond het vreselijk, dat kantoorwerk. Ik moest leren notuleren, werd meegesleept naar vergaderingen. Besprekingen met het sectiebestuur Betaald Voetbal of de Oranje Raad van het Nederlands Elftal, maar ik zat ook bij ellenlange cao-onderhandelingen. Later kwam ik meer en meer in contact met spelers en werd het werk wat interessanter, maar alles ging nog steeds om het collectief. Terwijl ik juist steeds meer in de ban begon te raken van het individueel begeleiden van voetballers. Ik bleek er goed in te zijn. Toen kreeg ik een *drive* en heb ik me er vol op gestort.

Ik kon altijd al goed praten. Heb ik van huis uit meegekregen. En ik had door de omgeving waarin ik opgroeide veel parate kennis op het gebied van reglementen, cao's, pensioenen, verzekeringen, fiscale regelingen. Daarmee kon ik me onderscheiden van de rest. Die rest had daar vaak niet of nauwelijks een idee van. Ik had dat meegekregen door alleen maar thuis aan de eettafel te zitten.

Mijn vader komt uit een volkse familie. Ik ben heel trots op hem. Hij heeft samen met mijn moeder een ijzersterke vakbond opgericht en heeft achter de schermen met vechten en zeiken en zweten en werken iets bereikt waar de spelers van nu nog steeds van profiteren. In principe bestond het leven van mijn ouders 24 uur per etmaal uit het werken voor de VVCS. In die wereld groeiden mijn broer Karel en ik op. Het Zuiderpark was onze achtertuin, ADO was onze familie. We vonden het heel gewoon dat er constant voetballers langskwamen. Het was bij ons thuis ome Carol Schuurman en ome Guus Haak.

In Zeist werden ze al snel gek van mijn vader. Hij was een Pietje Precies, kwam tot in de puntjes toe voorbereid op elke vergadering. Mijn vader was de ultieme sociaal-democraat. Een idealist tot in het diepst van zijn ziel. Hij nam me als jong ventje mee naar KNVB-vergaderingen om te notuleren. Niet alleen om mij wegwijs te maken, maar ook omdat hij de notulist van de bond niet vertrouwde. En terecht trouwens, want toen kon alles bij de KNVB. Het was de tijd van Jan Huybregts, die nog als een kleine Poetin regeerde. Later is hij een echte vriend van de familie geworden, maar ik weet zeker dat hij er destijds niet voor terugdeinsde om na vergaderingen nog wat wijzigingen in de notulen aan te brengen. Daarom moest ik mee. Ook om mij te leren hoe onbetrouwbaar ze allemaal waren, Jacques Hogewoning en dat soort mensen. Het was de tijd van de nachtelijke vergaderingen en de grote bellen whisky in Zeist.

Binnen de VVCS werd Sport-Promotion al snel een succes. Op ons hoogtepunt werden bij Ajax veertien van de achttien spelers door mij begeleid, inclusief de trainers. En bij Oranje twaalf van de achttien spelers. We hadden vrijwel alle topvoetballers van dat moment. Daarmee nam ook de afgunst toe. Helemaal toen we ook transfers gingen doen. Daar werden rekeningen voor geschreven – enige hypocrisie is de vakbond tenslotte niet vreemd – maar dat geld kwam grotendeels in de pensioenpot terecht en de rest was voor de bond. Het werd dus eigenlijk verdeeld onder alle spelers. De VVCS werd zo de enige vakbond ter wereld waarvan de meeste leden miljonair waren. Maar degenen die het werk deden – niet alleen ik, maar ook Sigi Lens, Peter Gerards, later Mino Raiola als manusje van alles, mijn fiscalisten en al die andere mensen van het eerste uur – die moesten dat doen voor een heel modaal salaris. Dat was geestelijk niet te doen. Ik onderhandelde over tientallen miljoenen, regelde zescijferige salarissen voor mijn spelers en dikke auto's, maar zelf verdiende ik nog geen 30.000 gulden bruto. Later werd dat 80.000 gulden per jaar, wat veel was voor vakbondsbegrippen, waarmee de jaloezie om me heen nog eens werd aangewakkerd. En toen begon de ellende.

De enige die de situatie begreep, was mijn vader. Hij snapte dat ik tussen twee werelden in geklemd zat. Toen heb ik gezegd: "Pa, ik moet eruit. Ik wil op eigen benen staan, maar dan heb ik wel je steun nodig." En die heeft hij mij gegeven. Sterker nog: hij heeft zelfs het geld voor mijn eerste BV voorgeschoten, want ik had geen gulden.

Dat ik als zoon van de oprichter uit de VVCS stapte, leidde tot een totale oorlog met Theo van Seggelen, de opvolger van mijn vader en tot dat moment een van mijn beste vrienden. Hij zag het als verraad. Tussen hem en mij is het nooit meer helemaal goed gekomen. We zijn als Kaïn en Abel geworden, al zijn we sinds twee jaar wel weer on *speaking terms*, nadat we elkaar tegen het lijf waren gelopen bij een FIFA-vergadering. De strijd tussen ons had destijds grote gevolgen. Onze ruzie werkte door tot op het EK in Engeland, waar spelers van Oranje partij gingen kiezen. Zo kwamen er spanningen in de spelersgroep, en later kampen. De spelers van Sigi Lens tegenover de spelers van Rob Jansen. Guus Hiddink heeft daar als bondscoach veel last van gehad.

Toen ik vertrok was er al een enorme machtsstrijd in de vakbond gaande. Mijn vader verkeerde in zijn nadagen, maar hij had moeite de voetbalwereld te verlaten. De anderen wilden hem eruit hebben. In die periode hebben ze mijn vader veel verdriet gedaan. Dat zal ik ze niet makkelijk vergeven. Ze hebben hem verschopt, terwijl ze elke euro die ze verdienen aan hem te danken hebben. Hij haalde ze binnen, leidde ze op, liet ze groeien en als dank schoten ze hem zo af. Ik weet van verhalen waarin ze zijn portret van de muur haalden en dreigden het van het balkon naar beneden te gooien, terwijl die man zelf half huilend thuis zat. Ze zullen het altijd ontkennen, maar ik weet dat het waar is. Het is lang geleden, en als Van Seggelen en ik elkaar tegenkomen geven we elkaar inmiddels een hand, maar dit zal ik nooit vergeten.

Na de breuk met de VVCS kwam de vraag wat de spelers zouden doen. Iedereen zegt altijd dat ik een makkelijke start had omdat ik alle spelers van de vakbond meenam, maar in werkelijkheid had ik met niemand een contract. Ik had alleen maar de hoop dat er een paar voor mij zouden kiezen. Dat gebeurde gelukkig. Het merendeel ging met mij mee: Bergkamp, Jonk, de De Boertjes, Danny Blind, Jan Wouters, Gaston Taument, Regi Blinker, John de Wolf, Phillip Cocu, Stanley Menzo en ga zo maar door. Een paar bleven bij Sigi Lens, zoals Edgar Davids en Patrick Kluivert.

Ik was getraind om de makelaardij te bevechten, ik was opgevoed met het idee dat het slechte mensen waren. En dat klopte ook grotendeels. Alleen dacht ik nu: het moet ook anders kunnen. Ik wilde het vak een *upgrade* geven. De agentenbond Pro Agent werd mede door mij opgericht, er moest meer regelgeving komen, vond ik. Het was veel te veel een cowboywereld, met een duister en ordinair imago. Tegelijkertijd irriteerde het me dat er zo werd afgegeven op de makelaardij, door clubs en bonden. Zij waren het tenslotte die die wereld in stand hielden.

Yvette Parlevliet ging met mij mee, destijds chef de bureau van de afdeling Sport-Promotion binnen de VVCS. We verhuisden van een kamer in het vakbondsgebouw naar een grachtenpand in Gouda. Zij is heel erg belangrijk geweest in mijn leven. Wij hadden een band die je normaal alleen ziet bij mensen die vijftig jaar gelukkig met elkaar zijn getrouwd. Met haar voelde ik een diepe verwantschap. Zonder haar had Sport-Promotion nooit zo groot kunnen worden als het werd, zonder haar was ik zelf ook allang ten onder gegaan. Zij verdient echt een standbeeld. Yvette kwam uit de hockeywereld, was superintelligent en in sociaal opzicht totaal anders dan ik. Dat werkte goed. Ik hield echt zielsveel van haar. Zij normaliseerde mijn gedrag, hield me op de rails. Ik werkte keihard in die jaren, alles was heel intens, maar mede dankzij haar denk ik met heel veel warmte aan die periode terug. Tot die rotziekte kwam.'

Op de avond dat Rob Jansen werd ontvoerd en recht in het gezicht van Dennis Bergkamp en Roy Makaay keek, waren zij niet de enige voetballers in zijn omgeving. Hij bevond zich tot zijn eigen verbazing op de middencirkel van het ADO-stadion en zag, toen zijn ogen eenmaal gewend waren aan de felle lichtmasten, een tribune vol spelers, vrienden en familieleden. De hele kidnapping was onderdeel van een lange feestavond, waarop het 20-jarig jubileum van Sport-Promotion uitbundig werd gevierd.

Het fotografische verslag van die avond is vastgelegd in een herinneringsalbum, een plakboek met de afmeting van een behangcatalogus. Daarin zie je Jansen al transpirerend op de achterbank van het busje zitten. Je ziet hem onhandig het

ADO-stadion binnenstommelen. Je ziet de prominente gasten uit de voetbalwereld lachend klaar zitten op de tribune. Edwin van der Sar. Phillip Cocu. Dirk Kuyt. Chris van der Weerden. Roy Makaay. Dennis Bergkamp. Twan Scheepers. John van Ringelenstein. Peter Houtman. Patrick Paauwe. Jürgen Dirkx. Ze zijn er allemaal, voor de man die de meesten van hen miljonair maakte. In het midden van het boek zijn twee pagina's helemaal zwart. Die staan symbool voor de mensen die hem verdriet hebben bezorgd in zijn leven.

Naast het behangersboek werden die avond zijn verzamelde interviews overhandigd. Ook dat is een dik boek, maar toch wordt er zelden iets in onthuld, want discretie is nu eenmaal de basis waarop zijn reputatie is gevestigd. Toch is het hilarisch om het tijdsdocument door te bladeren. Je ziet hem transformeren van vakbondsman tot internationale spelersagent. Auto's worden vliegtuigen, vliegtuigen worden privé-jets. Hoe verder je bladert in het boek, hoe vaker je hem met zonnebril of in smoking tegenkomt. Er komen ook allerlei mensen uit de voetbalwereld aan het woord. Naast Louis van Gaal ('Rob is geen domme jongen.') en Dick Advocaat ('Ze komen bij hem en ze blijven bij hem, dat is zijn kwaliteit.'), spreekt ook zijn broer Karel Jansen jr. Hij zegt: 'De Jansens zijn tobbers. Diep vanbinnen is Rob op zoek naar rust. Maar dat zal hem pas gegeven zijn als het te laat is.'

Veel van de quotes komen uit M.A.C.H.T., een mooie documentaire die ooit over Jansen werd gemaakt. 'Een makelaar in jongensdromen, een portret van de man die als zoon van een linkse vakbondsman grootverdiener werd in de jungle van het voetbalkapitalisme,' ronkt halverwege het boek de documentairemaker Fons de Poel op zijn Fons de Poels. 'Ik heb een hekel aan vakanties,' zegt Jansen daarin. 'Ik kan niet tegen complimenten.' En: 'Ik functioneer het best als ik in totale stress verkeer.'

De wereld waarin hij zich beweegt omschrijft hij zelf als 'een soort *war zone*'.

★

-Je vader overleed in 2008. Hoe oud was hij?

'82 jaar. Hij heeft nog net de afscheidswedstrijd van Bergkamp meegemaakt, die wij voor Dennis hadden georganiseerd bij de opening van het Emirates Stadium, met Johan Cruijff en Marco van Basten en zo. Daar ben ik wel blij om, dat hij daar nog bij is geweest. Mijn vader had als een éminence grise moeten eindigen, maar in werkelijkheid was hij in zijn laatste jaren vooral verdrietig, boos en teleurgesteld. Zijn trots zat hem meer en meer in de weg en zijn woede op de VVCS groeide alleen maar. Dat vond ik pijnlijk om te zien. Het moet een les voor mij zijn.'

-Wat is de les?

'Je moet op je hoogtepunt een stap terug zetten, je moet die wereld op tijd weer loslaten. Ik heb dat vaak tegen mijn vader gezegd, maar hij kon het niet. Ik probeer het nu wel.'

-Hoe dan?

'Door mijn bedrijf te verkopen aan Wasserman bijvoorbeeld. Door jongeren als mijn zoon Michael op te leiden. Daar langzaam maar zeker te wennen aan een rol op de achtergrond. Anders trap ik in dezelfde val als mijn vader. Ook ik heb de afwijking om snel gekwetst te zijn, me te verliezen in boosheden en teleurstellingen. Dat wil ik niet. Ik heb aan mijn vader gezien hoeveel pijn je jezelf daarmee doet.'

-En je moeder?

'Hetzelfde verhaal. Ook zij heeft heel veel verdriet gehad om de verstoorde relatie met de VVCS. En dat is ook niet zo gek. Je moet niet vergeten: dat was hun kindje. Daar hadden zij zich een heel leven kapot voor gewerkt.'

★

'We zijn met de meest vreselijke luchtvaartmaatschappij, namelijk de KLM, op weg naar het afgrijselijkste vliegveld ter wereld, namelijk Manchester Airport,' zegt Rob Jansen op een zonnige dag in november, terwijl hij in de businessclass zijn stoelriemen vastmaakt. 'Ik zeg: lekker begin van de zondag.'

Sinds hij een aluminium kunstheup heeft, weet hij net als zijn lotgenoot Louis van Gaal feilloos op welke luchthavens de kans het grootst is dat het elektronisch poortje afgaat. Manchester Airport, dat weten Louis en hij inmiddels echt wel zeker, is verreweg het ergst van allemaal. Van Gaal merkte het destijds aan zijn spelers bij United. Die gingen er bij verre uitwedstrijden altijd even goed voor zitten wanneer hun trainer weer eens werd gedwongen tot allerlei extra securitychecks. Er werden in de spelersgroep voor fikse bedragen weddenschappen afgesloten op het precieze moment dat Van Gaal zou ontploffen. Meestal was dat wanneer hij voor de zoveelste keer werd gedwongen zijn schoenen uit te doen.

Van Gaal en Rob Jansen kennen elkaar al heel hun leven. De schoolmeester annex voetballer liep al in de jaren zeventig de deur plat bij de VVCS. Hoewel twee totaal verschillende types, kunnen ze goed met elkaar opschieten. Dat is misschien ook zo omdat Rob Jansen een van de weinige mensen in de voetbalwereld is die niet onder de indruk raakt van de nukken van Van Gaal, maar er eerder van in de lach schiet. Hij slaat tegen hem een toon aan die weinig anderen hem nadoen.

Toen Van Gaal een keer tijdens het Voetvolley Toernooi op Aruba tussen alle poepbruine voetballers in korte broek en met een hoedje op de ontbijtzaal binnenkwam en als enige nog helemaal wit bleek, zei Rob Jansen: 'Het is jammer dat je geen licht geeft Louis, anders was je een mooie schemerlamp geweest.'

Straks, om vier uur Engelse tijd, wordt er op Goodison Park afgetrapt bij Everton-Manchester United. In stoel 2E van de businessclass moet Rob Jansen even een paar keer diep zuchten. Het zou best eens een drukke dag kunnen worden, want er zijn problemen genoeg om op te lossen. Daley Blind zit bij United op de bank en wil om die reden eigenlijk wel weg, Ronald Koeman zeurt bij Everton al maanden om versterking, na de laatste serie nederlagen neemt de kritiek op keeper Maarten Stekelenburg toe, Everton-voorzitter Bill Kenwright wil advies van hem over mogelijke transfers, maar dat moet in het geheim gebeuren, en zo zijn er nog wel meer klusjes.

'Zorg dat je bij vertrek van Schiphol je wedstrijdkleding al aan hebt, voor in de bestuurskamer van Everton,' had hij over de telefoon gezegd. 'Dus jasje, dasje en normale schoenen, zodat ze daar niet denken dat Jansen zijn debiele neefje heeft meegenomen. We worden opgehaald door een chauffeur van de club en gaan gelijk door van de airport naar het stadion. Na de wedstrijd gaan we met Ronald en Bartina eten bij een goede Italiaan. Daar heb ik wel zin in. De Koemannetjes zijn gezellige mensen. Ik ken Ronald al heel lang. Maar eerst even deze dag overleven.'

Voor iemand die zich al sinds vroeg in de voetbalwereld beweegt, is het opvallend met hoeveel tegenzin hij soms naar een stadion lijkt te gaan. Hoe ouder hij wordt, hoe meer moeite dat kost. In het buitenland valt het nog mee, maar in Nederland is het onderweg naar de tribune soms alsof hij een onzichtbare loden bal aan zijn enkel meedraagt. Vooral bij interlands staat hij vaak op de drempel van het ereterras met een lichaamshouding die andere mensen alleen op de hoge duikplank hebben.

Boven Het Kanaal is Rob Jansen stiller dan normaal. Hij verkeert niet bepaald in een feeststemming vandaag. Zijn kleinzoon Dante van drie jaar kwam logeren en heeft hem de afgelopen nacht wakker gehouden. En dat terwijl hij toch al zo'n zware week achter de rug had. Hij moest spreken op de begrafenis van 'Ome Leo', de legendarische Haagse scheidsrechter Leo van der Kroft, zijn lievelingsoom van 87 jaar. Intussen is hij in afwachting van de uitkomst van een arbitragezaak waarin hij een miljoen eist van FC Twente, maar FC Twente gek genoeg ook een miljoen van hem. De jaarlijkse longtesten die hij uit voorzorg in het Bronovo Ziekenhuis had laten uitvoeren waren gelukkig wel goed, hoewel de hypochonder in hem vroeg of laat dan altijd automatisch op allerlei andere plekken in zijn lijf dodelijke kwalen gaat vermoeden, maar daar tegenover stond weer een schermutseling na afloop van de behandeling van de zaak rond Terence Kongolo bij de integriteitscommissie van de KNVB.

Jansen beschuldigt diens voormalige zaakwaarnemers van valsheid in geschrifte – zij menen op hun beurt dat Jansen een speler van hen heeft afgepakt. Na afloop, bij het verlaten van de zaal, zegt Jansen op de gang bedreigd te zijn door het andere kamp. 'Een meneer riep dat ik wel aan de beurt zou komen. Ik ben toen gelijk de zaal weer in gestapt. "Ja, je bent bang hè Jansen, loop maar weg," riep-ie. Maar ik ben voor niemand bang en ik loop al helemaal voor niemand weg, in de hele wereld niet. Ik heb alleen geen zin in een ordinaire scène. Ben ik te oud voor geworden. Dus ik heb de rechters gevraagd ter plekke de politie te bellen. Uiteindelijk is het gesust, maar vermoeiend is het allemaal wel. Het geeft het niveau weer van veel van de huidige zaakwaarnemers. Dat houdt niet over, zal ik maar zeggen.'

Een van de leukste eigenschappen aan Rob Jansen is dat hij vroeg of laat altijd een lichte gêne voelt opkomen wanneer hij over zijn eigen beroepsgroep spreekt, en dat hij die ook nooit helemaal kan verbergen. Hoewel opgegroeid in wat hij en zijn collega's 'de voetballerij' noemen, heeft hij een haat-liefdeverhouding met die wereld.

René van der Gijp, een van de goede vrienden die hij heeft overgehouden aan een leven in de loopgraven van het betaald voetbal, verklaart het zo: 'Je moet niet vergeten dat Rob nog stamt uit de tijd dat er in Nederland alleen een elitegroepje was dat de zaken van de grote voetballers deed. Mannen als Cor Coster, Ploon Konijnenburg, Maarten de Vos en Ger Lagendijk. Maar die tijd is voorbij. Zeker nu er helemaal geen licentie meer nodig is om te beginnen. Zijn wereld is nu helemaal losgeslagen. Zo'n Guido Albers is een goed voorbeeld. Vroeger bracht die de bitterballen rond op de verjaardagsfeestjes van de spelers en hielp hij na afloop de vrouwen gezellig met stofzuigen en de vaatwasser inruimen. Maar uiteindelijk werd hij de agent van Giovanni van Bronckhorst. Dat zo'n iemand zich ook zaakwaarnemer mag noemen, dat moet voor Rob iets verschrikkelijks zijn. Dat is hetzelfde als Van Hanegem in één adem noemen met Jan van Halst. Daar maak je die man ook doodongelukkig mee.'

In de nauwe straatjes rond Goodison Park begint er iets te piepen in de zak van Rob Jansen. Een appje uit de kleedkamer van Manchester United. 'Daley', staat er op zijn display. 'Hij wil met me praten. Zit niet lekker in zijn vel, die kleine Blind. Ik ken hem, die kan niet tegen bankzitten. Ik moet vanmiddag zien te polsen of United bereid is hem te laten gaan.' Hij versnelt zijn pas. Je ziet zijn hersens bijna malen. 'We moeten even bedenken waar ik hem kan ontmoeten, want in spelershomes en kleedkamers kom ik niet. Dat kan ik niet opbrengen. Ik ben sowieso nooit een agent geweest die constant rond zijn spelers hangt, zoals je nu vaak ziet gebeuren. Dat kleffe gedoe, daar heb ik niets mee. Ik ben er wanneer ik er moet zijn voor die gasten en anders blijf ik lekker weg.'

Vlak voor de ingang van het stadion: 'Weet je wat ik het voordeel vind van wedstrijden bezoeken in het buitenland? Dat je niet al die mensen kent. Ik kom in Nederland niet graag in die ontvangstruimtes bij grote wedstrijden. Dat is omdat ik heel gevoelig ben voor het gedrag en de blikken van mensen om me heen. Ik ken iedereen in de voetbalwereld en ik voel de onderlinge haat, de afgunst, ik zie de spelletjes, de kongsi's die worden gevormd, de foute plannetjes die worden gesmeed. Ik hoor ook het gefluister achter mijn rug. Pfff. Vermoeiend allemaal, man.'

Hij passeert het bronzen standbeeld van Dixie Dean. Het is een mooi, klassiek voetbalmonument. Dixie heeft een bronzen bal onder de arm en is op weg naar een denkbeeldige aftrap. Aan zijn armen hangen sjaals ter herinnering aan een ander Everton-icoon, Howard Kendall. Hij is zo recent gestorven dat hij aan de voet van het standbeeld nog met verse bloemstukken wordt herdacht. Behalve dan door Rob Jansen, die zowel Dixie als Howard zonder een blik te gunnen met grote passen en zonder in te houden passeert.

'Luister,' zegt hij, 'Ik ben niet ongelukkig in deze wereld, dat is overdreven. Ik zal, zoals iedereen, gewoon moeten accepteren dat het voetbal snel aan het veranderen is. Wat dat betreft heeft Gijp wel gelijk. Ik heb hem voor het eerst begeleid tijdens zijn jaren in Zwitserland. Toen hebben hij en ik drie dagen bier gedronken en in onze onderbroek door het hotel gespookt. Tussendoor keken we even naar zijn contract. Maar dat was vijfhonderd jaar geleden. Voetbal is *serious business* geworden.'

★

-Welke trucs worden er aan de onderhandeltafel gehanteerd?

'Ligt eraan met wie je te maken hebt. Tegenwoordig wordt veel door advocaten afgewikkeld, maar vroeger had je nog weleens met één machtige voorzitter te maken. In La Coruña zat meneer Lendoro, de voorzitter van Deportivo. Prachtige kerel, een politicus. Ik moest vaak met hem om de tafel voor Roy Makaay en dan maakte hij er een heel circus van. Om te beginnen liet hij je wachten in een zaal bomvol trofeeën, om je even te intimideren, waar-ie dan ook vaak nog voor de gezelligheid de airco had laten uitzetten. En dan liet-ie je gerust een uurtje gaar smoren, tussen al die bekers, bij een graadje of veertig.'

-En dan?

'Dan niks. Soms kwam-ie binnen, lachte alleen even en verdween dan weer. Een andere keer vroeg hij quasi verstrooid wat we ook alweer kwamen doen. Maar dat hoorde allemaal bij de show. Uiteindelijk kwam er dan meestal een hulpje, dat liet weten dat de afspraak was verplaatst. Op een keer was het weer zover, werden we terug naar het hotel gestuurd met de mededeling dat we de president zouden ontmoeten tijdens het diner, niet eerder. En dat diner begon om één uur 's nachts.'

-Hij probeerde je uit te putten.

'Totaal. Dat restaurant was ook speciaal voor ons open. De obers hadden wallen als vuilniszakken onder hun ogen. Er werden eerst schelpjes geserveerd, de lokale specialiteit. En wijn, heel veel wijn. Ik had middenin de nacht helemaal geen zin in schelpjes en wijn, maar het was allemaal onderdeel van hetzelfde toneelstuk. Hij probeerde je te slopen, zowel fysiek als mentaal, voordat de onderhandelingen zelfs maar waren begonnen. En maar bijschenken met die wijn en cognac. Gelukkig was ik in die tijd nog jong en redelijk fit. Ik redde het wel. En uiteindelijk kwamen we er altijd uit en heeft Roy er een geweldige carrière gehad.'

★

'Ik verhuur mezelf soms voor een bepaalde periode aan een club, om bijvoorbeeld tijdens de transferperiode het aan- en verkoopbeleid mede vorm te geven en te bepalen,' had Rob Jansen op weg naar Engeland verteld. 'Ik fungeer dan dus niet als makelaar, krijg ook geen commissie over de transfers die ik doe, zoals normaal. Ik ontvang een vaste fee van de club voor het aan- en verkopen van spelers. Het is eigenlijk heel simpel. Ze huren me een tijdje in om me het kunstje te laten doen dat ik goed kan.'

Vandaar dat hij nu twee uur voor de wedstrijd bij de receptie van Everton Football Club wordt verwelkomd door Rachel, de persoonlijk assistente van trainer Ronald Koeman.

'Lovely to see you, Rob.'

Zij overhandigt hem een stel toegangskaarten en wijst hem de weg. Want hoewel Jansen in nauw contact staat met de Iraanse eigenaar van deze club, stiekem de belangrijkste adviseur is van voorzitter Bill Kenwright, naast Ronald Koeman ook diens broer Erwin, keeperstrainer Patrick Lodewijks en doelman Maarten Stekelenburg hier heeft ondergebracht en de afgelopen transferwindow een stel doorslaggevende adviezen heeft gegeven waarmee tientallen miljoenen Ponden waren gemoeid, kan hij zich niet herinneren dat hij hier ooit eerder is geweest.

Kenwright en hij zijn de afgelopen jaren weliswaar goede bekenden van elkaar geworden, ze zien elkaar altijd ergens anders, meestal op diens kantoor in London. Volgens Jansen is Kenwright de Joop van den Ende van Engeland, maar dan groter, en is het in Londen bijna onmogelijk een musicalkaartje te kopen waar hij *niet* aan verdient.

De wederzijdse waardering heeft er inmiddels toe geleid dat Jansen tijdens de vorige transferwindow een aanzienlijk deel van het transferbeleid van Everton FC voor zijn rekening nam. Hij inventariseerde samen met Ronald Koeman de kracht en zwakte van de selectie, bracht de wensen van de trainer over op Kenwright, bezocht Moshiri om over de wenselijkheid van zijn investeringen te spreken en hem te bewegen tot de juiste actie op de transfermarkt, beoordeelde de prijs-kwaliteitverhouding van de aangeboden spelers, koos de makelaar uit, bepaalde de hoogte van diens vergoeding, en deed achter de schermen nog honderdduizend dingen. Sterker nog, als het moest deed hij ook alle onderhandelingen zelf.

Nu, wachtend bij de lift, pakt hij op goed geluk een kaart uit de stapel.

Director's Guest Lounge, staat erop. '*Please keep this ticket with you at all times. Dress Code: Formal. Shirt and tie. No jeans or training shoes.*'

Eenmaal in de nauwe gangetjes van Goodison Park is het opvallend hoe zijn humeur is opgeklaard. Nu hij weer mag werken en er zich allerlei problemen opstapelen, lijkt hij in zijn element. Energiek stapt hij op de eerste etage uit en loopt bijna Sir Bobby Charlton omver, clubicoon en bestuurslid van Manchester United. Voordat hij de zoveelste director's lounge binnen gaat, slaat hij een kruisje en klopt op zijn zakken. 'Even kijken, heb ik alles? Toegangskaartjes, pistool... Ja, we kunnen gaan. Doe je das recht, schuimpie. Het circus gaat beginnen.'

*

-Wat is jouw officiële functie bij Everton?

'Ik geloof: *Consultant to the president*. Of *Adviser to the owner*. Zoiets. Ik weet het niet exact.'

-Maar je bent ook nog steeds de zaakwaarnemer van Ronald Koeman.

'Ja.'

-Je behartigt dus zowel de belangen van de club als de belangen van de manager?

'Correct.'

-En wat nu als de manager en de club met elkaar in conflict komen, zoals altijd gebeurt in het voetbal?

'Dan heb ik ervoor gezorgd dat de ontslagvergoeding van de trainer al vooraf is bepaald en op papier vastgelegd.'

-Je adviseert de club bij het aankopen van spelers. Maar als je iemand van Wasserman aandraagt, ontstaat toch op z'n minst het vermoeden van belangenverstrengeling?

'Nee, hoor. Het is maar een advies. Zo'n speler wordt door heel veel andere mensen binnen de club technisch beoordeeld. Maar ik zal dus niet zo snel een speler van Wasserman aandragen. Komt de club er uit zichzelf mee, dan wordt het weer een ander verhaal...'

-En andersom? Als ik een linksbuiten zonder club was en werd vertegenwoordigd door Wasserman, en ik merkte dat mijn manager voor Everton een andere linksbuiten kocht dan ikzelf, zou ik balen.

'Spelers zijn niet dom. Die weten echt wel hoe de praktijk werkt en snappen dat mijn aanwezigheid bij Everton niet automatisch betekent dat zij daar ook een rol kunnen gaan spelen. Mijn spelers komen niet uit een ei.'

★

In vergelijking met de nieuwe Premier League-stadions heeft het oude, klassieke Goodison Park afmetingen van Madurodam-formaat. Zelfs in de ruimte waar officials, sponsors, relaties, zaakwaarnemers en spelersvrouwen worden ontvangen, is alles krap. Rob Jansen zit er nu op een skylederen bank en wacht op sandwiches die maar niet komen. Er was vanochtend geen tijd om te ontbijten, zijn maag rommelt als een cementmolen. Hij heeft er al drie keer om gevraagd en drie keer is hem gezegd dat de broodjes er zo aan komen, maar het is vrijwel zeker dat hij het straks voor de vierde keer gaat vragen. Hij is een ongeduldig mens, gewend aan een snel leven, vol comfort.

Hij neemt een slokje van het als koffie vermomde dweilwater dat zojuist door een bleek meisje met een onverstaanbaar accent is geserveerd. 'Welbeschouwd is het een ouwe kolerezooi hier. Maar het heeft natuurlijk ook wel wat, zo'n klassiek stadionnetje, tussen de woonhuizen en de pubs. Ik ben gelukkig nog steeds wel gevoelig voor die kant van het voetbal, voor het pure, het romantische. Als je geluk hebt, vind je dat in Engeland nog. Ik heb het er weleens met een groep vrienden over gehad. Dennis Bergkamp en zo. Dat we een club zouden kopen in League One in Engeland, echt zo'n mooie traditieclub als Oldham Athletic of Bristol Rovers. Dat we er met een paar man dan elk een half miljoen Pond in zouden steken, ons er ook direct bij zouden neerleggen dat we die poen nooit van zijn leven meer terugzien, en dat we zouden teruggaan naar de basis. Dus niet meer een club runnen om zo snel mogelijk winst te maken en de Champions League te winnen en dat soort onzin, maar voor ons plezier en om het publiek te vermaken. De club serieus runnen en succesvol laten worden, maar dan wel op onze eigen manier, dat is het idee. Dennis had er serieus wel oren naar. Zou toch geweldig zijn? Bergkamp manager van Scunthorpe United? Of Luton Town? Samen met Phillip Cocu, ik zeg maar wat, gewoon voor de gezelligheid. En ik technisch directeur of zo? Ik denk dat ik Dennis toch weer eens ga polsen.'

Dan komt Bartina Koeman binnen. Er wordt gekust. Ze heeft een rits Nederlandse vrienden en vriendinnen bij zich en is helemaal in het blauw. Dat is geen toeval. Een paar dagen eerder had haar man een foto getwitterd van de kerstboom thuis bij de Koemannetjes. Die hing vol met rode ballen. Rood is de kleur van kerst, maar helaas ook van aartsrivaal Liverpool FC, en daar had de manager van Everton even geen rekening mee gehouden. Maar dat had hij beter wel kunnen doen, want nu stak er een social media-storm op, alsof hij de boom met hakenkruizen had opgetuigd. Nog dezelfde dag postte hij een nieuwe boom, helemaal wit deze keer, met als bijschrift: *Better colour*?

'Vermoeiend allemaal,' zegt Rob Jansen. Hij is hier voor serieuze zaken, niet voor geneuzel over kerstbomen.

'Ik moet Bill spreken,' zegt hij een paar keer, min of meer in zichzelf. En: 'Waar is Bill?'

Everton-Manchester United, vlak voor rust. Rob Jansen heeft al twee keer uitbundig naar Bill Kenwright teruggezwaaid, maar voor de rest heeft hij er de hele wedstrijd als een mummie bij gezeten op de eretribune. De enige keer dat er verder iets aan hem bewoog, was toen hij pepermuntjes moest doorgeven aan Bartina Koeman. Tot er vlak voor rust iets geks gebeurt op het veld. Zlatan dreigt te worden aangespeeld en plotseling begint Everton-doelman Stekelenburg als een gek zijn doel uit te sprinten. Jansen heft zijn handen.

'Wat doet-ie nou?' schreeuwt hij, 'Wat doet-ie nou? Wat doet-ie?'

Tegen de tijd dat Stekelenburg aan de rand van het strafschopgebied is, lobt Zlatan de bal met een boog over hem heen en ziet hoe-ie via de lat over de lijn stuitert. 0-1 voor United, op slag van rust.

'Shit, dit vindt Ronald niet leuk. En dit vindt Bill ook niet leuk. Dit vindt niemand hier leuk. Ik zweer het je: dit kan hem zijn plaats kosten.' Hij kijkt naar het zilvergrijze haar van Kenwright, een paar stoeltjes verderop. Er is allang weer afgetrapt, maar het hoofd schudt nog steeds van ongeloof. 'Misschien moeten we de plannen wijzigen voor vanavond. Misschien moet ik bij Maarten langs. Je weet hoe keepers zijn, misschien heeft hij behoefte aan een luisterend oor. Wat zonde, hij begon zo lekker hier. Ronald zal het niet leuk vinden als we ons etentje afzeggen, maar dit gaat even voor. Ik moet Maarten na de wedstrijd even zien te spreken, dan kan ik peilen hoe zijn stemming is. Als hij er behoefte aan heeft, moet ik er voor hem zijn. *Part of the job.*'

Het is niet de eerste keer dat hij de noodzaak voelt een keeper in nood geestelijk bij te staan. In de jaren negentig, toen Edwin van der Sar onder de lat stond bij Juventus, deed hij dat ook al eens. Het leverde toen uiteindelijk via een lange omweg een van de meest gedenkwaardige transfers uit zijn loopbaan op. En dat kwam eigenlijk vooral door één man: Mohamed Al-Fayed, de steenrijke eigenaar van zowel Harrods als Fulham. Rob Jansen herinnert het zich zo:

'Edwin keepte bij Juventus. Ging niet echt lekker. "Rob," zei hij, "bij elke voorzet ga ik eerst nadenken. Dat is niet goed." Ik dacht toen: hij moet praten. Niet met mij, maar met iemand die hem als doelman echt begrijpt. Ik had dat al vaker gedaan bij topsporters met vormverlies: ik sloot ze op met een andere ex-topspeler en liet ze op elkaar reageren. Dat werkte meestal goed.

In het geval van Edwin ging ik nadenken over een andere

keeper die een keer de kluts kwijt was. Zo kwam ik op Van Breukelen. Polletje, afgezeken door heel Nederland, maar wel stiekem de Europa Cup I winnen, iedereen kent het verhaal. Het hielp, maar niet genoeg. Die zomer kwam er toch een telefoontje van Roberto Bettega, technisch directeur van Juventus. Ik moest naar Turijn komen voor een gesprek. Edwin was ontdaan, hij voelde al dat dit niet goed ging aflopen. De meeting was in het huis van de vice-voorzitter, ergens buiten Turijn. Daar vertelden ze dat ze net voor een vermogen een jonge keeper hadden gekocht. Ene Buffon. Oké, zei ik, dan moeten we gaan ontbinden. En snel, want het nieuwe seizoen begon al bijna. Maar ze zeiden dat alles al geregeld was. Zij hadden al contact gelegd en besprekingen gevoerd met een club in Engeland. Edwin ging naar Fulham. Dat had Juve al besloten. Belachelijk natuurlijk, maar door de tijdsdruk hadden we geen keus. Het was óf Fulham óf de rest van het seizoen op de bank zitten achter Buffon.

Dus wij naar Londen, voor de besprekingen. Er ging een grote delegatie van Juve die kant op. Ik was zelf met Edwin en onze eigen advocaten. De besprekingen waren in Harrods, op de bovenste etage. Die bestaat helemaal uit grote kantoren, waar je alleen met een speciale, beveiligde lift kunt komen. Toen we binnenkwamen, zat Juventus een zaal verder de transfer af te handelen. Wij werden naar een andere kamer geleid en geconfronteerd met een heel peloton Amerikaanse advocaten. Een stuk of vier, vijf. Allemaal klaar voor de wedstrijd. Alleen aan de kop van de tafel was een stoel leeg. We begonnen te onderhandelen en we waren halverwege, toen plotseling de deur openging en Al-Fayed binnenkwam. Hij ging aan de kop van de tafel zitten en zei:

"Hartelijk welkom allemaal, ik kom jullie even officieel gedag zeggen. Ik hoop dat alles goed loopt, dat we er snel uit komen en dat we samen een mooie toekomst tegemoet gaan."

En daarna boog hij zich voorover naar ons en zei, met een stalen gezicht:

"Zo, en vertel eens: wie van jullie twee is nu precies de keeper?"

Vervolgens hoor ik hem aan een van zijn mensen vragen: "Zeg, hoe goed is-ie eigenlijk, die Van der Sar?"

"Nou," zegt die man, "Edwin behoort tot de beste keepers ter wereld."

"O ja?" zegt Al Fayed, "maar als dat echt zo is, wat doet-ie dan in godsnaam bij ons?"

En daarna begon-ie keihard te lachen. Ik had gelijk door: deze man heeft humor. Maar die Amerikanen wisten even niet wat ze hoorden. Niemand had ooit zoiets meegemaakt, ik ook niet.

"Ben je getrouwd?" vroeg-ie aan Edwin.

"Nee," zei Van der Sar.

"Aha, eindelijk een primeur voor Fulham: de eerste homoseksuele keeper in de Premier League!" Daarna gaf hij een cadeautje. "Het is eigenlijk voor je vrouw," zei hij, "want ik wist heus wel dat je niet homoseksueel bent, maar maak het toch maar open. Welkom bij de club." Van der Sar maakt het open en weer begint die Al Fayed keihard te lachen. Zat er een dildo in. Serieus, een dildo. Nee, een bijzondere man... Hij liet zich altijd waarschuwen wanneer er een celebrity in zijn warenhuis was, want dan ging hij er snel naast lopen in de hoop dat ze samen zouden worden gefilmd of gefotografeerd. Later die middag gaf hij Van der Sar en mij nog een rondleiding door Harrods. Telkens wanneer hij een kind zag, hield hij een hand op zijn rug en wachtte hij tot een van zijn twee vaste bodyguards er een snoepje in deed. Dat kon hij dan uitdelen en op de foto pronken als de grote kindervriend.

Ik had voor Edwin een supercontract geregeld, met fenomenale clausules bij vertrek. Dat was heel slecht gedaan door het kamp Fulham. Daardoor kon Edwin later voor relatief weinig geld naar United. En daar begon zijn opleving. Ferguson twijfelde eerst, maar de lage transfersom gaf de doorslag. Hij dacht: voor dat bedrag neem ik het risico wel. En uiteindelijk bleek Edwin de ideale opvolger van Schmeichel en werd hij een van de beste keepers ter wereld.

Al-Fayed is helemaal uit zijn plaat gegaan toen hij hoorde dat een keeper van het niveau Van der Sar voor niet meer dan een paar honderdduizend pond naar een topclub kon vertrekken, in plaats van voor tientallen miljoenen. Toen heeft-ie gebeld met United. Eerst met Ferguson en later ook met David Gill, de directeur, en uitgelegd dat deze deal zijn reputatie als zakenman zou verwoesten. En toen heeft United, uit *gentlemanship*, uiteindelijk meer betaald dan contractueel verplicht was voor Van der Sar, puur om gezichtsverlies van Al-Fayed te voorkomen. Dat gebeurt dus ook in het voetbal. Niet vaak, maar het gebeurt.'

★

-Komt het vaak voor dat je door een club voor korte tijd wordt ingehuurd?

'Ja. Soms zelfs voor maar één dag. Dan ben ik mediator. Dat is bijvoorbeeld gebeurd bij de transfer van Luis Suárez naar Liverpool. Toen ben ik als onderhandelaar ingehuurd.'

-Waarom?

'Ajax en Liverpool kwamen er maar niet uit, de zaakwaarnemers maakten er een janboel van. Liverpool vroeg me toen te helpen. Ajax was daarmee akkoord en samen hebben we in een middag op Schiphol de zaak opgelost.'

-Weet Suárez daar überhaupt van?

'Nee, ik denk niet dat Suárez weet dat ik eigenlijk zijn transfer tot stand heb gebracht. En zijn zaakwaarnemers waarschijnlijk ook niet. Zij hebben de deal in elk geval niet rondgemaakt. Dat heb ik gedaan, die middag op Schiphol. Het enige wat zij hebben gedaan, is een factuur sturen.'

-Maar dat heb jij ook gedaan.

'Uiteraard. Maar mijn bedrag staat in geen verhouding tot dat van de zaakwaarnemers.'

-Door wie ben je precies betaald?

'Door de kopende club. Liverpool dus, in dit geval.'

-Hoe komt het dat Liverpool en Ajax er niet zelf uitkwamen?

'Er waren te veel mensen bij betrokken. Iedereen had meerdere zaakwaarnemers. Suárez, Liverpool, het was één grote janboel. Hoe meer mensen, hoe meer ruis op de lijn, hoe groter de kans op vastlopen. Vooral als er bedragen worden genoemd.'

-Als het zo'n grote janboel was, hoe kan het dan dat jij die problemen in een halve dag oplost?

'Omdat ik door beide partijen serieus word genomen en omdat ik boven de partijen kan staan. Dat kunnen al die andere mensen niet. Die zijn alleen maar bezig met: *what's in it for me?* Ze zien geen creatieve oplossingen, terwijl die er vrijwel altijd zijn. Bovendien is de problematiek vaak helemaal niet zo ingewikkeld.'

-Nee?

'Welnee. Maar als de voorzitter van Liverpool toevallig een hekel heeft aan de onderhandelaar van Ajax, of andersom, en ze praten niet meer met elkaar, dan wordt het toch lastig onderhandelen. Dan wordt het misschien tijd voor een mediator. Die moet ze weer aan tafel krijgen. En dat lukte in het geval van Suárez gelukkig.'

-Dus?

'Dus iedereen blij.'

★

Na afloop van de wedstrijd. Everton en Manchester United hebben het uiteindelijk op een gelijkspel gehouden. Voorzitter Bill Kenwright deelt als een Sinterklaas toegangskaartjes uit aan de happy few. Het kleine groepje wordt in de boardroom verwacht voor een glas champagne. Rob Jansen is een van hen. Voor de tweede keer die middag botst hij er tegen Sir Bobby Charlton op.

Het is een select gezelschap van een man of dertig dat hier rond de televisie met de nabeschouwing en het koud buffet samenschoolt. Ed Woodward, de directeur van Manchester United, is een van hen. In een hoekje hebben Kenwright en Jansen contact op fluisterniveau, een korte dialoog die wordt afgesloten met een harde lach en het samenbrengen van Jansen en Woodward.

'You two know each other, right?' zegt Kenwright.

'Of course,' zegt Jansen, *'hello Ed, how are you?'*

Woodward geeft nauwelijks een teken van leven.

'Listen Ed, ik kom binnenkort een keer langs,' zegt Jansen. 'We moeten misschien een keer praten over het contract.'

'Het contract?' vraagt Woodward, met een half oog op de televisie gericht, 'het contract van wie?'

'Van wie? Van Daley natuurlijk.'

'Ah, I see. Blind,' zegt Woodward, *'of course.'* Daarna kijkt hij weer naar de tv. Daarop is niets interessants te zien.

De blunder van Stekelenburg, de afwezige toon van Woodward, het gefluister van Kenwright: het komt het humeur van Rob Jansen allemaal niet ten goede. 'Kom, we gaan hier weg. Dit schiet allemaal niet op. Ik moet Daley spreken.' Op de trappen van Goodison Park krijgt hij contact met de spelersbus van Manchester United. Er wordt een afspraak gemaakt om de volgende ochtend nog voor het ontbijt even bij elkaar te komen. 'Laat je niet gek maken door de situatie, Daley,' zegt hij door de telefoon 'We gaan het oplossen. Blijf netjes, blijf beschaafd gedrag vertonen.' Daarna vertrekt hij naar de trainerskamer van Everton, waar de gebroeders Koeman met de echtgenotes en hun vrienden wijn drinken op het gelijkspel. Af en toe gaat de deur van de nog nastomende kleedkamer open en komt er een speler tevoorschijn. Ze krijgen allemaal een knipoog en een opgestoken duim van Erwin, en Romelu Lukaku krijgt zelfs van Ronald een tikje op de billen.

'We gaan straks lekker eten, Rob,' zegt Ronald Koeman.

'Ja, nou, Ronald, ik dacht: misschien kan ik beter even naar Maarten...'

'Maarten? Waarom?'

'Om te praten.'

'Praten? Kom op, man. Hoe oud is-ie?'

'Ja, maar misschien heeft die jongen daar behoefte aan. Ronald, je weet toch hoe keepers zijn...'

'Luister, hij heeft zijn familie bij zich. Die zorgt wel voor hem. Echt, het komt goed.'

'Oké. Maar ik ga hem toch nu even bellen, als jij het niet erg vindt. Aan de hand van dat gesprek bepaal ik wat ik doe.'

Stekelenburg laat weten dat hij het zonder Rob Jansen ook afkan, dus gaat het een halfuur later alsnog in een lange sliert door de nauwe gangen van Goodison Park via het veld richting het parkeerterrein. 'Kijk dan,' zegt Koeman, 'het middenveld staat zo bol dat je vanuit de dug-out de uitlijn aan de overkant niet eens ziet.' Jansen gaat in de dug-out van Everton zitten en inderdaad: Koeman blijkt zijn werk in Liverpool gedeeltelijk op de tast te doen.

Daarna gaat het via een korte stop bij een plukje kleumende handtekeningjagers achter blauwe hekken richting de warme Bentley van de winnende trainer. Die rijdt even later glimlachend langs het stadion van aartsrivaal Liverpool FC, rechtstreeks naar het voorstadje van Manchester, waar niet alleen hij maar ook Wayne Rooney, Pep Guardiola en nog een handvol Premier League-sterren wonen. In de hoofdstraat wacht een lange gedekte tafel in een Italiaans restaurant, waar Jansen en Koeman zich eerst even terugtrekken in een hoekje tegenover de keuken. Daar bespreken ze een kwartier lang transferzaken. De enige die mag meeluisteren is Bartina. Aan het gegesticuleer te zien is Rob Jansen het merendeel van de tijd aan het woord. Toch moet zijn inbreng niet worden overdreven, zegt hij later die avond. 'Ronald bepaalt. Hij neemt de eindbeslissing. En voordat hij dat doet, luistert hij naar een paar meningen. Van mensen binnen de club, van technische mensen binnen zijn eigen netwerk, zoals Tonnie Bruins Slot, en dus ook naar mij. Je moet mijn belang daarin dus niet overschatten. Mijn werk is veel meer de afwerking van de transfer. Het rondmaken van de plannen. Daar ben ik extreem goed in. Ik ben een dealmaker. Dat is mijn specialiteit.'

★

-Stel, Everton heeft interesse in een speler van Valencia. Wat doe jij dan?

'Dan doe ik wat ik altijd doe: bellen, dingen checken, feiten in kaart brengen, zaken inschatten en voorbereiden. Vragen stellen en beantwoorden. Wat voor club is Valencia? Hoe ziet de structuur van de leiding eruit? Wie is de voorzitter? Ken ik die toevallig? Of ken ik iemand die hem kent? Wie zijn de makelaars die rond de club hangen? Hangt er een makelaar rond de coach, die de gang van zaken op de achtergrond beïnvloedt en overal tussen wordt geschoven als er deals worden gesloten? Ik zoek de combines uit, ik praat met mensen. Soms een ex-trainer, soms een ex-speler, soms een vriend van de president met wie ik af en toe golf.'

-Is dat allemaal zo belangrijk om te weten?

'Een niet-kenner zegt: nee, natuurlijk niet. De voorzitter van Everton belt gewoon met de voorzitter van Valencia, de een zegt ik wil 30 miljoen hebben, de ander zegt ik wil 20 miljoen bieden, ze komen op de helft uit, 25 miljoen, handtekening eronder en klaar. Maar als je het zo doet, weet je zeker dat je een paar miljoen te veel hebt betaald. Daarom zijn er mensen als ik. Makelaars, intermediairs, lobbyisten, headhunters, hoe je het ook wilt noemen. Omdat wij revenuen halen uit zaken die er anders niet zouden zijn.'

-Hoe bedoel je?

'Een transfer gaat veel verder dan de transfersom alleen. Je moet weten of er imagerechten zijn verbonden aan die speler, wat de marketingcontracten zijn, of er toevallig ook nog andere contracten zijn, honderdduizend andere dingen. Je moet alles checken, anders kan er van alles misgaan. Wat is eigenlijk het medisch dossier van de speler? De 35 miljoen die als transferbedrag in de wandelgangen wordt genoemd, ís dat ook 35 miljoen? Of is het 33? Of 28? Of staat er misschien een clausule in het contact van 12 miljoen? En staat er misschien ook een verdeelsleutel bij, waaruit blijkt dat iedereen meeprofiteert, onder wie de agent en de speler zelf? In Nederland is dat gebruikelijk, in het buitenland minder. Is dat misschien belangrijke info, voor de kopende partij? Iedere zakenman zou zeggen: ja, dat is wel interessant om te weten voordat we aan de onderhandelingstafel plaatsnemen en onze strategie bepalen.'

★

In kamer 302 van het Lowry Hotel in Manchester zijn Rob Jansen en Wolf Blitzer alweer vroeg op. Het is nog helemaal donker als hij al aan zijn thee en yoghurt zit. De vlucht naar Amsterdam vertrekt om half elf, maar hij heeft om acht uur nog even snel in de lobby afgesproken met Daley Blind.

Als de twee elkaar bij de eerste koffie van de dag spreken, valt op dat Jansen negentig procent van de tijd aan het woord is. Zijn zinnen moeten zelfverzekerdheid uitstralen naar Blind, want een voetballer die niet voetbalt kan altijd een oppepper gebruiken. Jansen wekt de indruk dat er geen enkele reden is voor paniek en dat hij alles in de hand heeft. Hij praat over Arsenal als mogelijke nieuwe werkgever en hoe goed Blind daar eigenlijk zou passen, terwijl er nog helemaal geen interesse is getoond, althans niet meer sinds Arsenal ooit samen met FC Barcelona vergeefs probeerde de kleine Daley aan te trekken. Maar toen was hij twaalf.

Als Blind er na een monoloog van tien minuten even tussen kan komen, zegt hij dat hij niet het juiste karakter heeft om op de bank te zitten, klaagt dat Mourinho het duidelijk niet in hem ziet zitten, en dat hij daardoor eigenlijk wel openstaat voor een vertrek. Het liefst binnen Engeland. 'Gisteren liep Bailey warm, om in te vallen als centrale verdediger. Hij wordt dus nog eerder gebruikt dan ik, terwijl die jongen anderhalve maand geblesseerd is geweest. Dus ik kan me alleen nog richten op linksback. Maar daar speelt Darmian. En dan heb je ook nog Luke Shaw. Smalling keert straks terug. Nee, Rob... ik weet het niet hoor... dit schiet niet op zo.'

'Stop. Wacht.'

De zaakwaarnemer heft zijn hand op.

'Ik ga dit oplossen. Samen gaan we dit oplossen.'

Hij pakt zijn cappuccino erbij. Daarna begint hij hardop te denken, een fascinerend proces om te volgen.

'Luister Daley, jij moet daar weg. Klaar. We gaan niet op de bank zitten. En al helemaal niet op de tribune. Kom op.... Maar United laat nooit spelers zo maar gaan. Kansloos. De enige mogelijkheid die ik dus heb, is als ik met Mourinho zelf overleg. Woodward heeft geen zin, dat heb ik vanmiddag al gemerkt. Hij wist niet eens welke speler ik vertegenwoordigde. Dan kan ik net zo goed tegen een paspop praten. Nee, ik moet met José zelf lunchen. Ja, ik ga Mourinho wel bellen.'

Een slokje koffie.

'Nee, wacht, ik zal eerst Jorge Mendez bellen, zijn zaakwaarnemer. Jorge is een vriend van mij. We moeten dit goed timen. We moeten de juiste manier vinden om dit aan te pakken, want het is natuurlijk wel een apart mannetje, die Mourinho...'

Nog een slokje koffie.

'Ik heb het idee dat hij spelers niet snel wil laten gaan. Op de eerste plaats omdat het zijn geld toch niet is, dus het interesseert hem geen bal. Maar op de tweede plaats omdat hij nerveus wordt zodra zijn spelers in de Premier League terechtkomen. Mourinho is een trotste man, extreem trots. Als hij jou aan West Ham verkoopt en je doet het daar goed, dan zegt iedereen: kijk dan, wat-ie heeft laten gaan! En daar zit hij mee. Zo is zijn karakter. Dus hij ziet je liever naar Europa gaan, denk ik. Uit beeld.'

Een hap van zijn koekje.

'Ja... ik zal op zijn karakter moeten inspelen. Ik moet dit diplomatiek doen, als een ambassadeur. Een grote bek heeft geen zin. Nu nog niet… ja, zo ga ik het doen. Ik zal Jorge bellen en zeggen dat ik graag overvlieg voor een lunch. Naar Londen. Of naar Manchester, maakt me geen bal uit. Mourinho woont hier in dit hotel, dus ik weet in elk geval de weg.'

Een slokje koffie. Nog een slokje. Nog een.

'Weet je wat het is: hij moet het ons eigenlijk gunnen. We moeten hem dus ook het gevoel geven dat hij ons een gunst verleent… Mourinho wil graag de koning zijn, de absolute baas. Nou, dan geven we hem toch dat idee? Laat hem maar de baas spelen, zolang de uitkomst maar goed is voor jou. Nee, zo moeten we het doen. Ik ga wel op audiëntie…'

Laatste hapje koek.

'Het mooiste zou natuurlijk zijn als-ie je naar Arsenal laat gaan. Daar pas jij als voetballer veel beter. Maar Mourinho haat Wenger. Dat is weer een probleem. De clubs zouden er nog wel uitkomen. Dat is destijds met de transfer van Robin van Persie ook gelukt. Je prijs zal wel iets omhoog gaan, maar als Arsenal je echt wil hebben, leggen ze elk bedrag neer. Dan wordt het een prestigestrijd, een ego-dingetje. Maar dat laat ik die clubs dan lekker zelf regelen. Ik stuur dat proces op de achtergrond wel. Maar het moet met tact gebeuren. Een *war situation* kan altijd nog.'

Blind knikt.

'En hoe gaat het verder?'

'Goed,' zegt Blind.

'Mooi. Dan mag je ons nu even naar de luchthaven rijden. En snel een beetje.' Hij slaat Blind op de schouder en begint te lachen. 'Leuk toch voor je, dat je Rob Jansen naar de airport mag brengen? Om half negen 's ochtends? Jij boft vandaag maar, jongen.'

Hoewel Blind telkens met een bezorgde blik naar de file aan de andere kant van de vangrail kijkt, is de sfeer in de auto even later ontspannen. Eerst worden de laatste voetbalroddels uitgewisseld. Daarna benadrukt Jansen dat hij en Daley delicaat te werk moeten gaan, en dat geen detail aan hun aandacht mag ontsnappen. Op de bijrijdersstoel vertelt hij als voorbeeld over die ene keer in Italië, lang geleden, toen hij Bryan Roy probeerde te verkopen aan Fiorentina.

'Tijdens het EK van 1992 was ik in Rome om met Fiorentina-voorzitter Mario Cecchi Gori te praten over de transfer van Bryan Roy van Ajax naar Italië. Mario was een miljardair die zijn geld had verdiend in de filmindustrie. Hij had mij uitgenodigd voor het verjaardagsdiner van zijn echtgenote. Daarna zouden we de overgang van Roy bespreken. Ik werd ontvangen in een penthouse op een van de heuvels in Rome, waar lakeien je met een diepe buiging tot aan de wc begeleidden en een nog diepere buiging voor je maakten als je er weer af kwam. Zijn zoon Vittorio was er ook en had zijn toenmalige vriendin meegenomen, een model uit Kroatië. Toen we aan tafel gingen, opende Mario het diner door hardop te vragen hoe zijn zoon het in godsnaam in zijn hoofd had gehaald om die Joegoslavische hoer mee te nemen. Daarmee was de toon gezet. Toen het diner voorbij was, ging de televisie aan. Nederland speelde tegen Denemarken en Roy was echt dramatisch. Hij raakte geen bal goed. Toen de wedstrijd voorbij was, gingen we naar het terras. Daar zat de oma van Cecchi Gori. Ze pakte haar zoon bij de arm, trok een vies gezicht en zei toen:

'Il negro? No.'

Met andere woorden: 'Die zwarte? Nee.'

Dat was alles. Een paar weken later kocht Fiorentina dus Michael Laudrup. Zie je? Zo snel kunnen transfers van de baan zijn. Eén slechte wedstrijd in combinatie met een racistische Italiaanse oma en het is gebeurd met je.'

Hij wil maar zeggen: details zijn bepalend, in elke zaak. Hij moet zorgvuldig te werk gaan. Voor de deur van de terminal volgt een omhelzing met de speler die hij al sinds diens babytijd kent. 'Maak je geen zorgen, Daley. Alles komt goed. Ik blijf ook nog bij Juventus voor je kijken. Volgende week ben ik in Milaan, dan spreek ik met Inter, AC Milan en Juve. Ik ga ermee aan de slag. Je hoort van me. Jij moet gewoon blijven doen wat je nu ook doet. Positief blijven. Hard trainen, meer kun je niet doen. Blijf netjes, blijf beschaafd gedrag vertonen. Ik zal je vader ook nog wel even bellen. Bedankt voor de lift. Veel succes in de file terug.'

Hij lacht, slaat zijn jas over zijn arm, pakt zijn rolkoffer en snelwandelt door de glazen schuifdeuren op weg naar Gate 21.

★

-Is je weleens onder de tafel geld aangeboden door clubs?

'Zo vaak. Ik had tien keer zo rijk kunnen zijn. Twintig keer, als ik overal ja op had gezegd.'

-En wat deed je dan?

'Dan weigerde ik. Of ik deed alsof ze een grapje maakten. Maar ik nam het nooit aan.'

-Je werkte voor de spelersvakbond van je ouders, je verdiende tot je veertigste een heel modaal salaris, terwijl de tonnen voor het oprapen lagen, en je bent niet één keer in de verleiding gekomen?

'Jawel. Maar nooit eraan toegegeven.'

-Ook nooit cadeaus aangenomen die op het randje waren?

'Jawel. Dat kan ik niet ontkennen.'

-Wat dan?

'Dat speelde rond de transfer van Dennis Bergkamp naar Inter, de grootste transfer uit mijn loopbaan. Niet veel mensen weten het, maar Dennis stond in 1992 niet alleen op het verlanglijstje van Inter en Juventus. Ook Napoli wilde hem hebben. Heel graag zelfs. Zij zagen in hem eindelijk een volwaardige opvolger van Maradona. Maar Dennis en Napels: iedereen zal begrijpen dat dit geen goede combinatie was. Zo'n schuchtere jongen, in één klap van het ouderlijk huis naar zo'n emotionele stad, dat gaat niet werken. En dat vond Dennis ook: hij wilde voor geen goud naar Napoli, hij weigerde zelfs maar met ze te praten. Maar die mensen wilden van geen nee weten. Ik kon niet al te bot tegen ze zijn want ik wilde de relatie met Napoli graag goed houden, maar dat had wel tot gevolg dat ze telkens dachten dat er nog een opening was. Continu werd ik uitgenodigd om naar Italië te komen voor gesprekken in restaurants en in villa's en op boten, in een poging via mij Dennis over te halen. Er kwam geen einde aan. Ze dachten dat ik een spel speelde. In hun cultuur van onderhandelen was ik *hard to get* en vonden ze me een briljante onderhandelaar. Maar dat was helemaal niet zo, ik meende het. Ik moest toen vaak aan mijn vader denken. Die zei altijd: *spreek gewoon de waarheid en mensen denken dat je geniaal bent.* En dat bleek in Napels maar weer. Het probleem was: Dennis wilde echt niet, al gaven ze hem honderd miljoen. Op een gegeven moment ben ik dus de gekste dingen gaan vragen, om er vanaf te komen. Niet alleen een huis en een boot, maar ook een paar jetski's op die boot. En de mogelijkheid om elke morgen vanaf zijn huis op Capri met een helikopter te worden opgehaald voor de training. Maar ze verblikten of verbloosden niet, die Napolitanen. Die zeiden overal ja op. Zelfs op die helikopter.'

-En toen?

'Ik had al voor de duizendste keer laten weten dat Dennis niet geïnteresseerd was, maar toch nodigden ze mij en mijn gezin uit voor een week vakantie op Capri, zodat we daar eens rustig en op kosten van SSC Napoli konden nadenken over de transfer. Ik had toen geen geld en wel twee jonge kinderen. Het was een waanzinnig luxe vakantie die ik zelf absoluut niet kon betalen en ik was ook wel toe aan een weekje rust. Toen heb ik eerst Dennis gebeld. Die vond het geen probleem als ik de uitnodiging aannam, maar herhaalde nog maar een keer dat hij niet naar Napoli ging. Toen heb ik tegen die mensen gezegd dat ik best wilde komen, maar dat het geen zin had omdat Bergkamp toch niet bij Napoli wilde spelen.'

-En?

'Wereldvakantie. Lekker bruin geworden ook. En Dennis ging een paar maanden later gewoon naar Inter. Maar daar heb ik wel spijt van gehad. Privé-vakanties door een club laten betalen, dat vind ik al erg op het randje.'

-Toch wel?

'Zeker weten. Maar als je er nu aan terugdenkt, is het wel grappig. Er was een schitterend hotel voor me geboekt. 's Avonds werd ik in smoking verwacht op een megafeest, ergens in de heuvels rond Napels. Daar trad Pepino di Capri op, een van de bekendste oude zangers van Italië. Halverwege dat feest werd de boel stilgelegd en zong hij een lofzang op Bergkamp en mij. Toen werd het al een tikje gênant. De volgende dag werd ik opgehaald met een limousine en naar een boot gebracht. In de haven gingen alle vissers in hun roeibootjes staan om voor me te zingen en te klappen. Ik was net Willem-Alexander op Koningsdag in Amsterdam. Eenmaal aan boord wilden ze me cadeaus overhandigen. Maar dat heb ik toch maar niet aangenomen, dat vond ik een beetje te link. Het enige dat ik toen heb laten inschepen was kinderspeelgoed.'

-Kinderspeelgoed?

'Ja, daar begrepen die Italianen ook niets van. Ik kon Cartier-horloges meenemen, auto's, hele keukens, noem maar op. Maar ik nam alleen wat speelgoed mee voor Michael en Stephanie, die toen nog klein waren.'

-Dat was Napoli's laatste poging?

'Nee. Ik ben ook nog een keer in slaap gevallen tijdens een onderhandeling op een jacht. Stond de zon op mijn hoofd en vielen mijn ogen dicht. Nadat dit was gebeurd vroeg mijn vrouw: hoe lang wil je dit eigenlijk nog volhouden? Toen heb ik ze netjes bedankt en ben naar huis gegaan. En omdat ik eerlijk was geweest, heb ik er nooit iets negatiefs over gehoord en is mijn relatie met Napoli altijd goed gebleven. Maar dit was op het randje. We waren jong en hadden geen geld, maar dit zou ik nooit meer zo doen.'

★

Het is net middag in Milaan als Rob Jansen op luchthaven Linate zijn rolkoffertje door de douane sleept, zijn privéchauffeur een hand geeft en zich in een donkere Mercedes naar de stad laat vervoeren. Onderweg geeuwt hij een paar keer. Het is laat geworden gisteravond. Dat is de schuld van Dirk Kuyt. Die had tot diens grote ergernis reserve gezeten in de wedstrijd tegen ADO Den Haag. Jansen had hem zelf via *Studio Sport* in de dug-out van Feyenoord zien zitten mokken.

'Toen wist ik het al,' zegt hij, 'want je kan veel van onze vriend Dirk zeggen, maar niet dat hij heel goed is in bankzitten. Die gaat bellen, dacht ik gelijk, die moet zijn ei kwijt. '

En inderdaad: gisteravond laat ging de telefoon in Scheveningen en moest hij een luisterend oor bieden aan een lange Katwijkse klaagzang. 'Maarten Stekelenburg heb ik vanochtend vroeg ook al gehad. En Dick Advocaat, vanuit het trainingscomplex in Istanbul. Was ook een vrolijk gesprek, maar niet heus. Ik heb het idee dat hij er alweer een beetje doorheen zit daar. Hij vindt het team slecht en klaagt over de waanzinnige salarissen die worden gevraagd door eventuele versterkingen. Dick is er moe van. Volgens mij hoopt hij dat ze hem wegsturen. Die bomaanslag van vorige week, bij het stadion van Besiktas, hielp ook niet. Heeft er aardig ingehakt bij hem. En dat begrijp ik ook. Bijna veertig doden. Vergeet niet onder welke druk hij en zijn assistenten daar leven, want er is van alles aan de hand in dat land. Met elke ontploffing wordt de familie in Nederland ook steeds ongeruster. De druk om naar huis te komen wordt steeds groter. Ik heb alle drie die mannen geadviseerd op hun gevoel af te gaan. Gelukkig kan dat ook, want zakelijk gezien heb ik dit al afgedekt. Na de coup tegen Erdogan werd het zo onrustig in Turkije, dat ik voor het eerst van mijn leven een clausule heb laten opnemen in geval van terroristische aanslagen. Daarin staat dat zowel Been, Pot als Advocaat gerechtigd is om, zodra ze de situatie in Turkije als bedreigend ervaren, zonder verdere claims bij de club te vertrekken.'

Het is iets na enen in de hal van hotel Il Duca. Rob Jansen checkt in bij een receptioniste die zo uit de nieuwste *Vogue* lijkt te zijn ontsnapt. Verderop, aan het einde van de blinkende gang, staan Patrice Evra en Gonzalo Higuain op de lift te wachten. Dat is best opvallend, want de laatste maakte gisteravond laat nog namens Juventus twee goals tegen Torino en die wedstrijd werd gespeeld in Turijn, maar Rob Jansen heeft geen van tweeën opgemerkt, gisteren niet en vandaag ook niet. Hij heeft haast en honger en bovendien wel iets anders aan zijn hoofd.

Jansen is hier om bij te praten met zijn contactman Fabio Parisi, een ex-tenniscoach uit Monza die in 25 jaar tijd is uitgegroeid tot een gerenommeerde Italiaanse spelersmakelaar. Hij werkt al met hem samen sinds de dagen dat Michel Kreek nog voetbalde en van Ajax naar Padova moest worden getransfereerd. Fabio zal hem vandaag en morgen in contact proberen te brengen met een paar nieuwe technisch managers van de serieuze Italiaanse clubs. De transferperiode komt eraan, het is tijd voor de voorbereidingen. Vanuit Nederland heeft Jansen al laten weten dat hij voor Everton in ongeveer elke linie naar een speler zoekt, dat hij hoopt in elk geval met de technisch directeur van Juventus te kunnen spreken, en dat Daley Blind op de markt is voor drie posities, zowel in de verdediging als op het middenveld.

Even later zitten ze samen in de *rooftop bar*, waar goedgeklede jongens en meisjes wagonladingen zwartblauwe *goody bags* naar binnen slepen. Dit zijn cadeautjes van Inter, voor haar grootste sponsors. Vanavond heeft de club de hele verdieping afgehuurd voor een vervroegd kerstfeest. Dit hotel is populair bij voetbalclubs en spelers, vanwege de hoge mate van privacy die ze achter de beveiligde liften, geblindeerde ramen en afgeschermde verdiepingen vermoeden.

Verderop in de grotendeels lege bar eten Higuain en Evra een clubsandwich terwijl ze op hun telefoon kijken – of andersom, dat is niet helemaal duidelijk. Jansen en Parisi zijn van een andere generatie. Ze drinken cappuccino (de Nederlander) en espresso macchiato (de Italiaan) en praten. Over voetbal uiteraard, en over zaken.

'Gaat Lukaku weg bij Everton?' vraagt Parisi onder het roeren.

'Zou kunnen,' zegt Jansen.

'In dat geval zou Leonardo Pavoletti van Genua iets kunnen zijn voor Everton. Als je wilt regel ik voor morgen een meeting met de zoon van de president, kunnen we het gelijk bespreken. Hij runt de club. Verder is Piero Ausilio, de technisch directeur van Inter, vanavond hier in het hotel voor het kerstfeest met de sponsors. Hem kunnen we in de lobby ontmoeten. Juve moet ik nog regelen, Milan speelt vanavond eerst nog in Rome.'

'Oké,' zegt Jansen. Voordat hij Koeman gaat appen over Pavoletti, knikt hij naar het duo van Juventus, verderop in de bar.

'Wat doen die twee hier eigenlijk, in Milaan, op maandagavond?'

Fabio haalde zijn schouders op.

'Misschien hadden ze even geen zin om thuis te slapen.' Dan staat hij op, loopt een paar passen weg en begint te bellen.

'Ik ken Fabio al heel lang,' zegt Jansen. 'We hebben veel transfers samen gedaan. Hij is een rustige Italiaan, met heel veel contacten en megaveel kennis van de spelersmarkt. De eerste keren dat ik met hem te maken kreeg, merkte ik al snel dat zijn info klopte. Dan blijf je automatisch met zo iemand samenwerken. Hetzelfde geldt trouwens voor zijn compagnon, Oscar. Ook een grootheid in zijn vak.'

Oscar is Giuseppe Oscar Damiani, een grijze ex-speler van onder meer Inter, Juventus, AC Milan, Napoli, Genua en New York Cosmos, ooit zaakwaarnemer van Alessandro Costacurta, Andrij Sjevtsjenko en Beppe Signori, 66 jaar en enigszins gekrompen sinds zijn gloriedagen als drievoudig international, maar nog steeds de trotse drager van buitenissig mooie kostuums.

'Ik ga vanmiddag naar hun kantoor om de markt te inventariseren en een strategie te bepalen voor de komende transferperiode.'

Dan komt Fabio weer aan tafel staan. Hij houdt zijn hand op zijn telefoon. Aan de andere kant van de lijn hangt Fabio Paratrici, technisch directeur van Juventus. 'Rob, luister, heel Juve vliegt over een paar dagen naar Qatar. Daarom houden ze nu alvast hun kerstfeest. Fabio kan dus niet komen. Maar ik heb hem wel aan de lijn nu. Hij laat zich bij voorbaat excuseren.'

Jansen slikt zijn koffie snel door en neemt de telefoon over.

'Fabio, how are you?... No, no, no problem, my friend...'

Het sterke punt van Rob Jansen in zijn constante omgang met mensen is zijn charme gecombineerd met flair en humor, zonder dat hij zijn scherpte verliest. Hij speelt het spel mee, maar wel altijd vanuit dezelfde rol. Hij kijkt tegen niemand op, behalve dan tegen zijn eigen vader, het eeuwige rolmodel bij wie iedereen sowieso schril afsteekt in zijn ogen. Misschien dat hij daardoor niet snel geïmponeerd raakt door mensen. Wat het gelukkig allemaal draaglijk houdt, is dat hij diep in zijn hart, en ondanks zijn Haagse bluf, eigenlijk ook niet zo snel geïmponeerd raakt door zichzelf.

Behalve dan als professional. Dan heeft hij zelfvertrouwen. Het zorgt ervoor dat zijn manier van communiceren ook over de grens stand houdt. 'Luister, Fabio, ik vond het fijn je weer gesproken te hebben. *Always a pleasure.* Ik kom in januari weer naar Milaan, laten we dan samen dineren. Veel plezier op het feest. En denk eens aan Daley Blind. Misschien een optie voor jullie, deze zomer. Kan op drie posities spelen. Wat? Drie, ja. Prettige kerst, Fabio. *Have fun tonight. Ciao. Bye-Bye. See you soon. Ciao.'*

Even later, aan de Viale Tunisia, heeft de licht claustrofobische Rob Jansen zich met tegenzin in een lift gewurmd zo groot als een luciferdoosje en is hij uiteindelijk met veel gepiep en gekraak op de tweede verdieping beland. Daar zijn de kantoren gevestigd van het sportmanagementbureau Sport

Service Srl. In een van de zijkamers zitten hij, Fabio en Oscar aan een ronde tafel. Ze noemen een onafgebroken rij clubs en spelers op. Combinaties worden gezocht, kwaliteiten afgewogen, prijzen besproken, getallen en bedragen genoteerd. De conversaties zijn nogal to the point.

'Is dat bruto?'

'Nee, netto.'

'Dan is het te veel.'

'Oké. *Forget it.*'

Het is opvallend hoe snel er wordt besloten over de toekomst van mensen die er helemaal niet bij zijn, noch weet hebben dat mogelijk de contouren van een nieuwe loopbaan hier worden vormgegeven, in deze kleine, warme kamer in het noordelijke deel van Milaan, onder aanvoering van een man die ze nog nooit van hun leven hebben ontmoet.

Het is de ogenschijnlijke achteloosheid en de snelheid waarmee de grote lijnen worden bepaald, dat het tot zo'n boeiend schouwspel maakt. In tegenstelling tot het clichébeeld is het niet alleen de prijs van de speler, en ook niet de bijbehorende fee, die bepaalt of er een streep door zijn naam gaat of niet. Het is in deze fase veel vaker de reputatie. Het is de *inside information* die de krant of *Voetbal International* niet weet, of in elk geval nooit publiceert. Het zijn de details. Dat de vader van de speler een geldwolf is en erop staat mee te delen in de transfervergoeding van zijn eigen kind. Dat er geruchten zijn over excessief alcoholgebruik van de speler, of roekeloos rijgedrag, een dreigende celstraf of een dominante familie die een loopbaan lang eigenlijk alleen maar verkeerde adviezen heeft gegeven. Er wordt gekeken of er een gelukkige combinatie met de trainer bestaat, of er geen trackrecord is van incidenten op de training, of dat er sprake is van agressief gedrag in de vrije tijd. Er wordt gekeken naar kwaliteit en geld, maar ook naar vliegangst en aanpassingsproblemen en honderden andere kleine belangen.

Al die dingen worden razendsnel op tafel gegooid en tegen elkaar afgewogen.

'Jordy Clasie van Southampton zou een bruikbare speler kunnen zijn in de Serie A,' zegt Fabio.

'Nee. Hij heeft een vriendin met extreem veel heimwee. Als dat meisje het in Engeland al moeilijk heeft, is Italië geen goed idee.'

Ook die avond in de lobby van Il Duca, met Piero Ausilio van Internazionale, gaat het snel, snel, snel.

Na een korte nadere introductie door Fabio (*'you know Rob, he did the Bergkamp deal'*) en wat korte inleidende vriendelijkheden (*'nice to meet you, my friend'*) gaat het zo:

Ausilio: '*Look Rob*, tot januari kunnen we bijna niets doen, behalve verkopen. We zijn gehouden aan de regels van financial fair play. Maar we bereiden ons wel voor op de zomer.

Dan is er meer bewegingsvrijheid. Dan hebben we een centrale verdediger, een linksback, een middenvelder en misschien een spits nodig. Dus geef me wat namen.'

Fabio Parisi: 'Hij is de manager van Ronald Koeman. Everton heeft ook spelers nodig.'

Ausilio: 'Oké, ik snap het. Nou, in dat geval: zeg me wat je wilt.'

Jansen: 'We zoeken veel versterking. Langzaam moeten we het team verversen. Geld is geen probleem. Er is als eerste een aanvaller nodig als we Lukaku laten gaan.'

Ausilio: 'Eder. Misschien ben je geïnteresseerd in Eder? International. Salaris is 2 miljoen netto. Als je hem 2,5 geeft, is hij misschien geïnteresseerd. Hij is niet duur. Vijftien miljoen, schat ik. Eder is een idee. Hij kan spelen als 9 maar ook links en rechts. Ronald kent hem wel. Meer strikers heb ik niet. Ik heb wel een nummer 10.'

Jansen: 'Een middenvelder en centrale verdediger heb ik ook nodig.'

Ausilio: 'Kondogbia? Nee, hij is te duur. Ik heb 37 miljoen voor hem betaald. Misschien uitlenen met een optie tot koop? Voor een goede prijs kan het misschien wel. Verder heb ik Banega, een nummer tien, Nagatomo, een Japanse back, links maar ook rechts inzetbaar. En wat voor middenvelder zoeken ze? Box-to-box of defensief?'

Jansen: 'Nee, box-tot-box.'

Ausilio: 'Oké, Kondogbia dan. Als ze 'm huren met een optie voor een goede prijs, kan hij gaan.'

Jansen: 'We hebben iemand nodig voor januari.'

Ausilio: 'Ik geef je twee namen voor centraal achterin: Ranocchio en Murillo.'

Jansen: 'Hij heeft grote, sterke killers nodig voor achterin. Zoals iedereen in de Premier League. Groot. Lang. Sterk.'

Ausilio: 'Ranocchio dan.'

Jansen: 'Oké, ik laat naar hem kijken. En hebben jullie weleens gedacht aan Blind?'

Ausilio: 'Blind?'

Jansen: 'Daley Blind, van Manchester United.'

Ausilio: 'Blind? In januari? Voor de World Cup belde ik al voor hem. Kon ik hem voor 7 miljoen hebben. Na het WK was hij opeens 17 miljoen. Toen Frank de Boer bij ons was, heb ik nog op zijn verzoek een bericht naar José Mourinho gestuurd. Maar toen mocht-ie absoluut nog niet weg. Wat is zijn beste plek?

Jansen: 'Hij ziet zichzelf als centrale verdediger.'

Ausilio: 'Nee, ik zie hem meer als verdedigende middenvelder. Misschien kunnen we een ruil regelen.'

Jansen: 'Ik zal erover nadenken.'

Ausilio: 'Oké, dank je, Rob. Sorry, ik moet nu gaan. Het is kerstfeest, de sponsors...'

Jansen: 'Natuurlijk, natuurlijk, *no problem my friend*. Maak je geen zorgen. Prettige kerst.'

Jansen kijkt de technisch directeur na tot hij in de lift is verdwenen. Dan doet hij zijn stropdas recht.

'Zo, weer zeven man op een achternamiddag verkocht in

de lobby,' lacht hij. 'Ga je mee naar het restaurant? Er is een goede tafel voor ons gereserveerd.'

★

-Zijn Italiaanse clubs makkelijk om mee te werken?

'Niet meteen. En alleen als je je aanpast, als je de codes leert kennen, en tussen de regels door weet te lezen.'

-Geef eens een voorbeeld.

'Toen ik met Inter sprak over de transfer van Dennis Bergkamp en Wim Jonk, wat uiteindelijk zou uitgroeien tot de grootste transfer ter wereld, meldde opeens ook Napoli zich op de markt. Pellegrini, de voorzitter van Inter, raakte toen in paniek en stuurde Karl-Heinz Rummenigge naar mijn huis in Den Haag. Hij had zelf bij Inter gespeeld als buitenlander, dus hij was de aangewezen persoon om het ijs te breken. En hij zou de volgende dag al landen. Dus ik bel Bergkamp en zeg dat-ie moet komen. Dennis was in die tijd nog jong en heel erg verlegen. Ik moest hem echt dwingen. Ik kende Kalle goed. In mijn woonkamer gingen we praten. Op een gegeven moment overhandigde Rummenigge een amulet van de club. Rummenigge, hè? Dus niet de eerste de beste campingvoetballer. Hij zei: "Dennis, ik ben door Inter gestuurd om je hier, discreet, onofficieel, te ontmoeten en om je dit persoonlijke cadeau van de president te overhandigen." Maar Dennis kon dat gebaar nog helemaal niet ontcijferen. We waren toen al in een ver stadium van onderhandelingen met Boniperti, de grote voorzitter van Juventus en hij snapte er niets van. "Wat bedoelen ze?" vroeg hij toen Rummenigge ons even alleen had gelaten. Ik zei: "Begrijp je het dan niet, Dennis? Ze bedoelen dat ze willen dat je voor Inter gaat spelen."'

★

De volgende dag begint als altijd met CNN, ontbijt op de kamer en de eerste appjes van de dag. Uit Liverpool dit keer. Het is Ronald Koeman. Hij vindt Pavoletti niet goed genoeg om tussentijds naar Engeland te halen. 'Dan liever voor volgend jaar een topspits', schrijft hij. Er kan weer opnieuw begonnen worden met zoeken. 'Ik moet even wat frisse lucht hebben,' zegt Jansen.

Even later wandelt hij met zijn Italiaanse compagnon Fabio door het labyrint van winkelstraten rond het hotel. Dit deel van Milaan wordt ook wel de gouden driehoek genoemd. 'Kijk, het Four Seasons Hotel. Daar heb ik heel wat met Ariedo Braida van AC Milan zitten eten.' Deze stad heeft weinig geheimen voor hem, hij komt er al vijfentwintig jaar met grote regelmaat. Straten, pleinen, restaurants en vijfsterrenhotels brengen hem vroeg of laat in gedachten altijd even terug naar een voetballer.

'Kijk, het Palace Hotel,' zegt hij wanneer hij naar een groot gebouw aan de overkant van de Via Pisana wijst, 'daar zat ik met Bergkamp en Jonk toen ik hun transfer naar Inter deed. Weet je dat ik niets aan die transfer heb verdiend? Nul gulden? Ik weet dat er destijds achter mijn rug om werd gezegd dat ik mijn bankrekening had laten vullen, maar dat is niet waar. Ik had gewoon een vakbondssalaris. Het was een gekke, vrij ongezonde situatie. Ik had me de blaren op de tong gepraat, me helemaal kapot gewerkt en zo de grootste transfer ter wereld gesloten, voor 32 miljoen gulden. Maar zelf had ik nauwelijks geld. Ik was bijna veertig, regelde grote huizen en gratis vliegtickets voor mijn spelers, maar als ik met mijn gezin met vakantie wilde, moest ik eerst mijn schoonvader duizend gulden te leen vragen, anders kwamen we nergens.'

Rob Jansen is niet iemand die in het verleden leeft. Daarvoor gaat zijn leven ook veel te snel. Best jammer, want over de transfer van Bergkamp en Jonk naar Inter, zijn levenslange en wereldwijde *claim to fame*, kan hij blijven vertellen, als het moet. 'Het is de best voorbereide transfer die ik ooit heb gedaan,' zegt hij, al kuierend door Milaan. 'De deal is uiteindelijk rondgemaakt op één historische nacht in Den Haag, vlak bij het oude koninklijk paleis op Het Voorhout. Om uitlekken te voorkomen had ik een compleet restaurant afgehuurd, Julien's. Het was een koude avond, er hing een grauwe mist over de stad, waardoor alles een beetje een Fellini-achtige sfeer kreeg. Het kan ook zijn dat ik gevoelig ben voor dit soort dingen. Hoe dan ook: om elf uur kwamen er drie limousines vanaf Rotterdam Airport met de complete delegatie van Inter voorrijden. Ik zat binnen met Arie van Eijden van Ajax. Arie van Os luisterde mee aan de telefoon.

We zaten in de kelder, om niet ontdekt te worden vanaf de straatkant. Alles was op slot. Een uur later kwamen Willem en Dennis binnen. Toen ging het alsnog bijna mis. Een taxichauffeur vond het raar dat hij twee Ajax-spelers zo laat naar een verder pikdonker restaurant in Den Haag moest brengen en sprak er met mensen over. We hoorden het later in de stad terug. Godzijdank bestond er toen geen Twitter, dus bleef de schade heel beperkt.

Even daarvoor had ik nog voor de zoveelste keer bij Juventus aan tafel gezeten, maar op een gegeven moment had ik het helemaal gehad. Ik was al driekwart jaar op de achtergrond bezig, maar telkens liep het stuk. Ik zei tegen Boniperti, de president: "Luister, ik ben er klaar mee. Als jullie bij je standpunt blijven, vertrek ik nu linea recta naar Milaan. Dan ga ik lekker met Inter praten.'

Boniperti was ex-aanvoerder van Juventus geweest en international. Een grootheid in Turijn, een heilige binnen de club. De voorzitter van Inter was een man van arme komaf die zich omhoog had gewerkt met een gigantisch cateringbedrijf, waarmee hij onder andere aan alle Fiat-fabrieken in Turijn leverde. Hoewel hij daar multimiljonair mee was geworden, werd er erg minderwaardig over gedaan in Italiaanse voetbalkringen. Zijn bijnaam was 'de kok' en dat was kleinerend bedoeld.

'Dus je gaat praten met de kok?' vroeg Boniperti.

'Ja,' zei ik. 'Vanmiddag nog.'

'Nou, dan mag je mijn auto met chauffeur wel lenen,' zei Boniperti.

'Is goed,' zei ik.

Hij dacht dat ik een grapje maakte. Maar ik liet me mooi door de chauffeur van de Juventus-voorzitter afzetten voor de deur van de Inter-voorzitter in Milaan en kwam nog diezelfde avond tot een principe-akkoord. Ik heb een goede deal kunnen maken. Voor Inter was het ook een prestigestrijd om te winnen in deze onderhandelingen van Juve. Het is jammer dat het, mede door de vele trainerswisselingen, sportief niet heeft gebracht wat we ervan hadden verwacht, want de rest ging perfect.

Barcelona wilde Bergkamp ook hebben, net als AC Milan. Maar Dennis zag beide clubs niet zitten. Hij wilde niet in de voetsporen treden van eerdere Nederlandse spelers. Hij vond dat er al te veel Nederlanders bij Barcelona hadden gespeeld om zijn komst nog bijzonder te maken. Typisch Dennis om zo'n afweging te maken. Om dezelfde reden viel AC Milan af. Hij wilde niet in het voetspoor van Gullit-Van Basten-Rijkaard. Bij Inter had ook een grote Nederlander gespeeld – Faas Wilkes – maar die was van een andere generatie. Italië was toen het mekka van het Europese voetbal, alle toppers speelden daar. Engeland speelde nog nauwelijks een rol. Daarom werd het Inter.

Niemand in Nederland wist dat het rond was, behalve mijn broer Karel en de familie van de spelers. Het mocht absoluut niet uitlekken. Ik was in die tijd trainer van een elftal vol voetbaljournalisten bij Graaf Willem/VAC, een club in Wassenaar. Willem Vissers van *de Volkskrant* zat in dat team, mijn broer Karel, Erik Oudshoorn van *NRC*, Hans Klippus van de *Haagsche Courant* en nog een paar van die kwibussen. Was altijd heel gezellig. Er heerste een onderlinge erecode. Ze probeerden Karel en mij in de kleedkamer nooit iets te ontlokken. Ze wisten bovendien dat we toch niets zeiden. Een paar dagen voordat we in Gouda tijdens een persconferentie het nieuws bekend zouden maken, zat iedereen bij elkaar na de training. "Nou," zei ik opeens, "ik heb die Bergkamp lekker naar Inter gedaan, want ik ben er wel een beetje klaar mee. En Jonk gaat met hem mee, ben ik daar ook vanaf." Mijn broer dacht dat-ie gek werd! Die kreeg spontaan uitslag op zijn rug. Maar het mooie was: niemand reageerde. Ze namen mijn opmerking totáál niet serieus. Ik gaf ze de primeur van het jaar, maar niemand nam hem aan. Precies wat ik verwachtte. Maar je had die kop van Kareltje moeten zien...'

Het is prima wandelweer in Milaan. De trottoirs zijn dunbevolkt in dit deel van de stad, het is kennelijk nog een beetje te vroeg om dure horloges te kopen. Om de hoek bij een bank struikelt hij bijna over een ineengedoken zwerver, een oudere man die zijn zwartgeblakerde rechterhand ophoudt. Jansen stopt gelijk, maar in welke broek- of jaszak hij ook zoekt, nergens vindt hij cash geld. Fabio heeft het niet door en wandelt gewoon door. Met verontschuldigende gebaren zet Jansen een inhaalrace in.

Doorgaans geeft hij altijd aan daklozen en bedelaars, ook in Nederland. 'Ik ben snel geneigd mijn knip te trekken. Helemaal als het om kinderen gaat. Daar kan ik heel slecht tegen, bedelende kinderen. Sommigen lopen hen straal voorbij, maar ik nooit. Ik heb het weleens meegemaakt met een groepje voetballers. Kwamen we uit een restaurant, zat er een vrouw met een baby op de stoep en liepen ze zo door. Daar spreek ik ze op aan. "Kom op jongens, we hebben net voor een vermogen gegeten. En zo ongeveer elke serveerster die we tegenkwamen 25 euro fooi gegeven. Gooi ook even een paar euro in dat bakje." Dat je zulke dingen moet zeggen, tegen miljonairs. Dat snap ik niet.'

Ter hoogte van de Via Monte Napoleone botsen Jansen en zijn kompaan tegen Massimo Ambrosini op, 17 seizoenen lang speler en aanvoerder van AC Milan, als opvolger van Paolo Maldini. Hij is zo te zien met zijn vrouw aan het winkelen. Aan elke arm hangen in elk geval een paar tassen. Fabio kust de tweevoudig wereldkampioen op de wangen en stelt hem voor aan zijn gezelschap. 'Dit is Rob Jansen, een goede vriend uit Nederland. Je weet wel, Rob deed destijds de transfer van Bergkamp en Jonk.'

'Ah si, Wiém-me Djònk-èh,' zegt Ambrosini, en je ziet aan zijn gezicht dat hij die naam alweer bijna vergeten was. Maar bij het uitpreken van het woord 'Dennis' in combinatie met het woord 'Bergkamp' gaan ook zíjn ogen gloeien. 'Een zaakwaarnemer wordt ingeschaald naar de status van de speler die hij vertegenwoordigt,' had Rob Jansen al vaker gezegd. Met Dennis Bergkamp achter zijn naam zit hij de rest van zijn leven zo te zien gebeiteld.

Die middag, direct na de wandeling, in het hotel. Rob Jansen zit in het restaurant op het dak en wacht op zijn risotto. Il Duca lijkt wel een museum van grote voetballers, want nu is het weer Gianluca Vialli die gedag komt zeggen.

'Fabio! Ciao!'

'*Ciao, Gianluca*! Wat een verrassing!'

'Fabio, kom eens hier. Ga staan, vriend. Laat me je omhelzen.'

'Goed je te zien. Dit is mijn vriend Rob Jansen. Hij deed destijds de Bergkamp-deal.'

Er worden handen geschud en er wordt in wangen geknepen. Ook in zijn gewone kleren heeft Vialli de persoonlijkheid die past bij een ex-speler van zijn statuur. Fabio en hij maken een praatje op de vriendelijke en quasi-nonchalante toon die gebruikelijk is in deze wereld.

'*Campione*, vertel eens, hoe gaat het met je?'

'Goed, goed. Dank je. Ik word alleen oud.'

'Wat oud? Maak je een grapje? Kom op, je ziet er fit uit. Alsof je nog speelt.'

'Ah, je bent vriendelijk, Fabio. Maar voetballen gaat niet meer. Nooit meer. Ze vroegen me voor de Juventus Old Stars, maar ik ben klaar. Genoeg gevoetbald. Ik golf nu veel. Morgen vlieg ik naar Zuid-Afrika. En jij?'

'Mijn vrouw en ik vertrekken volgende week naar Vietnam.'

Zo keuvelen ze nog een tijdje door. 'Fabio denkt geloof ik dat ik alleen Bergkamp heb getransfereerd,' zegt Jansen intussen op licht geïrriteerde toon, 'maar dan is hij toch die 899 andere transfers vergeten die ik heb gedaan.'

Als Vialli is vertrokken en de risotto is gearriveerd, wordt een strijdplan gemaakt voor de komende transfermarkt. In korte en zakelijke zinnen geeft Fabio inzicht in de actuele situatie op de Italiaanse voetbalmarkt. Hij weet dingen die anderen niet weten. Bijvoorbeeld de precieze dag waarop de Chinezen die AC Milan hebben gekocht hun geld gaan overmaken en op welke posities in het elftal dat geld zal worden geïnvesteerd, of wat Inter met zijn verdediging van plan is zodra de transferban is opgeheven. Hij weet welke trainers op het punt staan ontslagen te worden en bij welke club ze vervolgens het best terecht zouden kunnen, hij kent de voorkeuren van alle technisch directeuren van Perugia tot Juventus en van Empoli tot Lazio, hij komt bij de voorzitters thuis, hij heeft de nummers van de complete Serie A, B en C in zijn telefoontje staan en wanneer hij plotseling tegen Ambrosini of Gianluca Vialli opbotst, zoals daarnet, dan voel je dat hij serieus wordt genomen door de grote jongens. Vooral dat laatste is de ultieme lakmoesproef wat Rob Jansen betreft, want luchtfietsers zonder contacten en praktijkkennis, daar zijn er al genoeg van in zijn wereld. Daarom is hij stil en luistert hij aandachtig naar de stroom informatie die loskomt.

Daarna is de bedoeling dat er zo veel mogelijk ideeën worden geboren, combinaties gezocht en situaties voorzien. Zelf initiatief nemen, zelf constructies aandragen bij clubs en spelers, is een wezenlijk onderdeel van het vak. Wie naast de telefoon gaat zitten wachten tot hij gebeld wordt, heeft bij voorbaat verloren. Er moeten constant oplossingen worden gezocht voor problemen die in sommige gevallen nog niet eens bestaan. Als Fabio weet dat AS Roma van zijn linksback af wil, dan kan Rob die speler misschien aan Everton aanbieden, en anders heeft Rob misschien nog een centrale verdediger van Anderlecht die iets voor Udinese zou kunnen betekenen, en zo wordt al koffie drinkend en keuvelend de hele puzzel voor vanmiddag gelegd.

Weer valt de naam Clasie. Misschien toch iets voor Genua. Straks komt de zoon van de voorzitter langs, kan er gelijk zaken worden gedaan. Rob Jansen zucht.

'Die speler zit niet eens bij ons, Fabio.'

'Bij wie dan?'

'Iemand anders, een bekende van mij.'

'Kun je hem bellen? Vragen hoe de zaken ervoor staan?'

'Natuurlijk.'

'Of is dat een probleem?'

'Nee, hoor.'

Even later. De voorzitterszoon proeft de naam van Clasie op zijn tong en zegt dat hij er serieus over zal nadenken. Er wordt daarna nog lang gepraat, de naam Daley Blind valt, er worden oude verhalen onder het stof vandaan gehaald, Fabio herinnert er nog maar eens aan dat Rob Jansen destijds de deal met Bergkamp en Jonk deed, en dan worden er handen geschud, nummers uitgewisseld en is deze sessie voorbij.

Rob Jansen geeuwt.

'Hoeveel nog?'

'Straks komt er alleen nog iemand van AC Milan langs,' zegt Fabio. 'Rocco Maiorino. Hij is de sports director van Milan en de rechterhand van Galliani. Gewoon laten praten. Laten we horen welke plannen ze hebben. Ze hebben trouwens een goede box-to-boxspeler, Juraj Kucka. Is wel wat voor Everton om te halen. Hij is international voor Tsjechië. Perfect geschikt voor de Premier League.'

'Ja,' zegt Jansen, 'maar laten we ook kijken wat we kunnen brengen.'

Als Maiorino is gearriveerd en de zoveelste espresso macchiato is besteld, volgt er een laatste sessie waarin bedragen, posities en namen van spelers in recordtempo worden uitgewisseld, afgewogen en ingeschat. Wat opvalt is hoe openlijk er gesproken wordt, en hoe alle informatie direct van een prijskaartje wordt voorzien. Niemand maakt aantekeningen, er worden geen notulen nagestuurd of vervolgafspraken gepland. Alles is van een ogenschijnlijk grote nonchalance, de miljoenenbedragen waar het om gaat ten spijt.

'Honda? Keisuke Honda? Is dat niks voor Everton?'

'*The Japanese player*? Nee, Honda ken ik,' zegt Jansen. 'Is niet goed genoeg. *Nice guy, but no.*'

'Oké.'

'Nee, ik moet een speler hebben die ik een shirt kan aantrekken en het veld in kan sturen. Iemand die in de kleedkamer wordt geaccepteerd op basis van zijn naam. Snap je?'

'Ja, ik snap het.'

Pas als de avond zich aankondigt in Lombardije, worden er voor de laatste maal handen geschud en visitekaartjes uitgewisseld en zit de werkdag er eindelijk op voor Rob Jansen. Hij heeft zich in twee dagen tijd de blaren op zijn tong gepraat. Zijn chauffeur staat al te wachten voor de rit naar de luchthaven, hij moet alleen nog even zijn koffer pakken en dan kan hij gaan.

'Shit,' mompelt hij, wachtend op de hotellift richting de executive lounge, 'ik had iets aan die zwerver op straat moeten geven.'

★

-Is het vermoeiend, de hele dag over voetbal en geld praten?

'Ligt eraan met wie. Als ik met echte voetbalmensen praat, is er nooit een probleem. Jordi Cruijff. Txiki Begiristain. Leo Beenhakker. Johan Neeskens. Met dat soort mensen zit ik direct op één lijn. Je spreekt dezelfde taal, er is geen sprake meer van ego-strijdjes, niemand hoeft zich meer te bewijzen aan elkaar. Maar bij een club werken met nieuw management afkomstig uit het bedrijfsleven, dat is de grootste ramp die er bestaat.'

-Waarom?

'Weten alles beter. Onderkennen niet dat de voetbalwereld zijn eigen wetten heeft. Kennen niemand. Vergalopperen zich vroeg of laat in de media. Realiseren zich niet dat een bal binnenkant paal *erin* of binnenkant paal *eruit* in onze wereld alles op slag verandert. Ik heb er zoveel van gezien, van die mannen die geslaagd waren in het bedrijfsleven en dan alles beter wisten. *Ja, Henk moet de transfers doen, want die had vroeger tien drogisterijen in de regio.* Of: *Harry doet het, want die runde zijn hele leven uitermate succesvol twee supermarkten in het dorp.* Een ander was weer een slimme jongen in het vastgoed en daar ga je dan. Kansloos. Al die mensen worden slachtoffer. Zie je nooit meer terug. En de clubs blijven met de brokstukken zitten. Of ze laten zich met een beetje pech door allerlei dure consultancy kantoren vertellen hoe ze weer uit de problemen moeten komen. Terwijl één telefoontje van mij of van mijn collega's, één advies, in het voetbal vaak meer waard is dan een dik rapport van een gerenommeerd accountantsbureau.'

-Wat ben je toch heerlijk overtuigd van jezelf.

'Het is gewoon zo. Omdat agenten als ik over een netwerk aan betrouwbare contacten beschikken. Wij kunnen dingen checken, hebben toegang tot informatie die zij niet hebben. Wij weten de werkelijke waarde van een speler, de achtergronden, de risico's of noodzaak van een transfer, we weten alles. Maar weet je wat nou de tragiek van het hele verhaal is? Dat die clubs tóch liever een duur rapport van een bureau willen hebben. Omdat het chic staat, omdat het vertrouwen wekt, maar vooral: omdat ze het dan snappen. Omdat het is geschreven door mensen die ook niet in het voetbal leven, maar aan de buitenkant. Daardoor spreken ze dezelfde taal. Maar die taal heeft totaal geen betrekking op de realiteit in onze wereld.'

★

Maandagmiddag op kantoor in Den Haag. Hans Jorritsma belt. Leroy Fer is geselecteerd voor Oranje. 'Oké,' zegt Jansen, 'ik bel hem gelijk even.' Even later heeft hij verbinding met het trainingscentrum van Swansea City. 'Ga je tas maar pakken, knul, je zit er bij.'

Als hij heeft opgehangen vraagt hij zijn office manager Cynthia Bosman om koffie. Hij heeft er al een drukke ochtend op zitten. Om zeven uur was het opstaan, Nina aankleden, ontbijten en Nina naar school brengen, de bak van Ted de cavia verschonen en dan vanaf negen uur vol aan de bak. 'Elke dag is er wel iets. Eerst lange gesprekken met de KNVB over vraagstukken in het contract van Danny Blind, dan het contract van Fred Grim aanpassen, bespreking voeren namens Jack van Gelder met Ziggo en dan kreeg ik ook nog die nieuwe hoofdredacteur van *VI* op bezoek om de problemen met het blad uit te spreken. Ik ben wel even toe aan een cappuccino.'

Vandaag draagt Rob Jansen een driedelig pak, inclusief stropdas. Aan zijn voeten zitten lakschoenen. Dat is zo omdat hij een televisieploeg op bezoek krijgt. Bert Kuizenga zal zich namens de stichting Nationale Business Succes Award melden voor een uitgebreid interview, nu hij als Executive Vice President van Wasserman kans maakt op de titel in de categorie 'ondernemer van het jaar'. Jansen heeft eerlijk gezegd nog nooit van de Succes Award gehoord en trok een wenkbrauw op toen hij las dat je als genomineerde geacht werd eerst 12.500 euro over te maken voor pr-doeleinden, maar aangezien de prijs vorig jaar nog werd uitgereikt door Jan Peter Balkenende *himself* en daarmee aan geloofwaardigheid won, had hij de nominatie toch maar met gespeelde nonchalance aanvaard.

In afwachting van Kuizenga's komst drinkt hij nu koffie en bestudeert hij in een Engelse krant de stand in League Two. Steeds vaker speelt hij met de gedachte om samen met wat mensen een Engelse club te kopen. 'Wat zou leuk zijn, denk je? Hartlepool? Ebbsfleet United? Dat zijn mooie clubs, hoor. Maar het moet natuurlijk wel in de buurt van een vliegveld liggen. Ik ben ook een tijdje mede-eigenaar geweest van Brisbane Roar. Was een mooie tijd. Alleen praktisch toch een beetje lastig. Het is best ver weg, dat Australië. Maar Engeland, daar ben je zo. Ik ga het er binnenkort eens over hebben met Wim Jonk en Jordi Cruijff. Een club kopen. Waarom niet?'

Zo is hij een beetje aan het dagdromen, als Bert Kuizenga en zijn ploeg zijn gearriveerd. In het kantoor worden handen geschud en er wordt een praatje gemaakt. Kuizenga is het merendeel van de tijd aan het woord. Jansen zegt voor de zekerheid dat zijn tijd beperkt is. Vanmiddag heeft hij nog een afspraak met Wim Kieft, in Amsterdam. Kuizenga herneemt het woord en vertelt dat hij Wim Kieft goed kent. Samen namen ze ooit deel aan het programma *De Pelgrimscode*. Net als Kieft moest hij in de woestijn van Ethiopië met een katapult in de weer. Ook kon je hem met een geit op zijn schouder een berg op zien rennen.

'Ik had een mannetjesgeit,' zegt Kuizenga, 'en die kreeg halverwege de berg een erectie in mijn nek. Heel onprettig was dat.'

Even valt er een stilte in het kantoor. Aan de andere kant van het raam vliegt een zeemeeuw krijsend terug naar Scheveningen.

'Ja... Nou, zullen we dan maar beginnen?' vraagt Kuizenga.

'Dat is goed, Bert,' zegt Jansen, 'leef je uit.'

Wat volgt is een kort gesprek over de wereld van Rob Jansen, over Wasserman en over topsport in het algemeen. 'We doen vrijwel alleen voetbal, met kleine zijsprongetjes naar andere sporten. Ik heb Teun de Nooijer zijn hele loopbaan mogen begeleiden, de Johan Cruijff van het hockey. Leontien van Moorsel, de wielrenster ook. Maar bij alles geldt: ik moet wel een bepaald gevoel bij de sport en de sporter hebben, anders gaat het niet. Wij begeleiden hier met ons hart. Dat maakt het ook zo arbeidsintensief, want het vergt constante aanpassing. Een topsporter is een heel ander wezen dan jij en ik. Die denkt anders. Egocentrischer vooral. Echte toppers zijn geen aardige mensen. Ze moeten continu op de punten van hun tenen lopen om te presteren. Echte top is ook moeilijk te benaderen. Je moet genadeloos zijn wil je in de top spelen. Daar moet je mee om kunnen gaan.'

Als de opname voorbij is, komt Karel langs. Het is ook wel weer even tijd voor wat Haagse humor. Hij neemt zijn broer van lakschoentjes tot dasspeld op en zegt dan:

'Hé Rob, had jij je niet even moeten omkleden nu je op televisie komt?'

Jansen doet zuchtend zijn stropdas losser, vraagt aan zijn secretaresse of ze wil doorgeven dat zijn auto kan worden voorgereden en vertrekt dan richting uitgang.

'Ik ben weg,' zegt hij, 'ik heb een lunchafspraak met Wim Kieft.'

Twee jaar eerder, in de zomer van 2014, als hij net is begonnen aan zijn middagwandelingetje, botst Rob Jansen ter hoogte van het Kurhaus tegen Wim Kieft op. Die is daar te gast bij de uitzendingen van *VI Oranje*. Ze maken een praatje. Het zal later een cruciale ontmoeting blijken binnen de wonderbaarlijke wederopstanding van voormalig alcoholist en cocaïnejunk Wim Kieft.

'Dat ik Rob toen tegenkwam zal ik nooit meer vergeten,' zei Kieft een keer in een van zijn filosofische buien, 'die ontmoeting is heel belangrijk geweest voor mij. Hij had mijn biografie gelezen en vroeg hoe het ging. Ik vertelde hem mijn verhaal, hoe ik vocht tegen mijn verslaving, dat ik moest leven van een tientje per dag en al dat gelul. Hij hoorde het aan en zei toen: ik ga je helpen. Maar hij zei het niet alleen, hij dééd het ook. Hij schakelde mensen van Loyens & Loeff in, een gerenommeerd juridisch en fiscaal advieskantoor, betaalde dat allemaal voor mij, loste het in no-time op en Esther onderhandelde daarna ook nog eens kosteloos voor mij bij Ziggo over een baan als analist, waardoor ik nu een vast inkomen heb. Terwijl we elkaar eigenlijk nauwelijks kenden. Dat is toch onvoorstelbaar? Zeker nu het in mijn dagelijkse therapie gaat over loslaten, over erkennen dat er een hogere macht is, een macht groter dan jezelf, denk ik vaak aan die ontmoeting terug. Ik geloof daarin. Ik ben met coke gestopt door iets dat groter is dan mijn wilskracht. Dat kan niet anders, want al die keren dat ik het alleen heb geprobeerd, is het telkens faliekant mislukt. Maar wat is dat dan? Er is iets dat voorbij mijn limieten gaat, dat mij stuurt. Er is iets buiten mij dat ervoor heeft gezorgd dat ik kon stoppen met gebruiken en dat ik mijn leven weer min of meer op de rails kreeg. Waarom kom ik Rob die middag tegen in Scheveningen? Toeval? Of iets anders? Ik wil niet te filosofisch overkomen of zo, hoor. Zo van: ja hoor, Wimpie Kieft weet het allemaal weer. Het kan zijn wat je wilt. Maar hoe dan ook is Rob mijn bestaan binnengekomen en is hij een van de mensen gebleken die cruciaal zijn geweest bij het terugvinden van mijn leven.'

Ze zijn net vrijwel gelijktijdig aangekomen in een Amsterdamse brasserie. Wim Kieft op de fiets, Rob Jansen met de Bentley. Bij binnenkomst worden er grappen gemaakt, eenmaal aan tafel stuiteren de laatste roddels uit de voetbal- en mediawereld over en weer. Er wordt veel gelachen, behalve wanneer Kieft vertelt dat Pierre van Hooijdonk laatst achter de schermen van een voetbaltalkshow iets lelijks zei over Rob.

Hoewel ze karakterologisch niet méér van elkaar hadden kunnen verschillen, zijn er ook een paar overeenkomsten tussen Kieft en Jansen. Bijvoorbeeld het vermogen om serieuze en persoonlijke ontboezemingen te doen op precies de juiste, laconieke, bijna plagerige toon. Wanneer het gesprek bijvoorbeeld op neuroses komt, voeren ze dit soort gesprekken:

Kieft: 'Ik moet weer meer mediteren, jongen. Ik heb de laatste tijd ongelooflijke last van controledrang. Wordt met de minuut gekker. Naar de badkamer gaan, controleren of de kraan niet druppelt, op de bank gaan zitten en het gewoon een minuut later weer controleren. En dat dan vijfentwintig keer op een middag. Ken je dat?'

Jansen: 'Nou, dit is wel heel vreemd, wat je nu allemaal zegt. Vind je zelf ook niet, Wim?'

Kieft: 'Nee, maar Rob, serieus.... En het is niet alleen die kraan, hè? Het gaat de hele dag door. Van kranen en ijskasten tot het tachtig keer per dag controleren of ik mijn bankpasje nog heb.'

Jansen: 'Maakt bij jou niet uit, er staat toch niets op.'

Kieft: 'Ik heb nu een heel groot slot op de deur laten zetten om zeker te weten dat de deur dicht is. Toch ga ik er 's nacht vijf keer uit om te checken of-ie wel dicht is. Wat ook heel gek is: het gaat nu goed met mij, maar ik merk toch dat een bepaalde ontevredenheid over sommige dingen ook weer de kop op steekt. Dat is onterecht, maar het gebeurt wel.'

Jansen: 'Ja, maar dat herken ik wel. Mensen kunnen heel veel bezitten, maar toch telkens blijven zoeken naar iets nieuws. Naar spanning, een nieuwe kick. Iemand kan ergens succes in hebben, maar er niet van genieten. Dat herken ik zeker. Heb ik ook in mijn karakter.'

Kieft: 'Nee, het valt allemaal niet mee, jongen. Of ben ik nou weer te negatief? Nee toch?'

Jansen: 'In het moment leven, als je dat zou kunnen... heerlijk. Maar het is ontzettend moeilijk dogmatisch gedrag te veranderen. Überhaupt om je eigen gedrag te veranderen, hoe graag je het misschien ook wilt. Ik merk het aan mezelf. Jij zegt net iets over Van Hooijdonk. Dat zit me toch dwars. Ik voel dat het me irriteert, terwijl ik eigenlijk moet denken: ik heb niets aan deze info, het is allemaal ballast. En op de schaal van het wereldleed stelt het weinig voor, maar toch denk ik: het is niet leuk om te horen.'

Kieft: 'En waarom vind je het niet leuk?'

Jansen: 'Ego.'

Kieft: 'Misschien moet je ook eens gaan proberen te mediteren.'

Jansen: 'Ik probeer het ook weleens, hoor. Het voordeel van mediteren vind ik: je kunt het overal doen. Op de achterbank van een auto, in het vliegtuig, tijdens de pauze van een meeting. Overal. Zelfs op het toilet.'

Kieft: 'Het toilet, ja?'

Jansen: 'Ik heb weleens meetings gehad, waarbij ik plotseling ging transpireren en voelde dat mijn ademhaling onregelmatig begon te worden. Ik heb dat nog steeds weleens. Wat dan helpt is even naar het toilet gaan en daar wat ademhalingsoefeningen doen.'

Kieft: 'En, vertelt u eens aan de dokter, heeft u dat vaak?'

Jansen: 'Laatste keer met kerst. We waren in Londen en gingen een musical bezoeken met Nina, hoewel ik niks met musicals heb. Ik was door allerlei omstandigheden helemaal opgefokt. Ik voelde al aan mijn lichaam: dit gaat niet goed. Eigenlijk moet je dan zeggen: 'gaan jullie maar', maar dat doe je niet met een kind van vijf erbij. We zaten middenin de zaal. Het was uitverkocht, ook dat nog. Ik was alleen maar bezig met de vraag 'hoe kom ik hier weg'? Ik begon te zweten, te hyperventileren. Ben ik halverwege toch maar de zaal uit gegaan. Sorry, sorry, sorry, langs al die mensen. Heel gênant, maar het ging echt niet meer. Ik ben in een taxi gesprongen en heb op de achterbank zitten vechten om niet knock-out te gaan van het zuurstofgebrek. Pas toen ik weer op mijn kamer was, kalmeerde ik. Toen ben ik op bed gaan liggen en in een urenlange diepe slaap gevallen. Ik was net op tijd, maar dat komt doordat ik inmiddels de signalen herken. Als het achter mijn oren begint te druppen kan ik voordat het echt gaat stromen, beter even naar de wc. Dan ga ik daar op mijn knieën zitten, even op mijn ademhaling letten en dan voel ik de transpiratie al wegtrekken.'

Een grote slok cappuccino.

'Is ook niet goed hè, dit?'

Kieft: 'Ik vond al dat je daarnet lang wegbleef. Ik dacht nog: misschien snuift-ie stiekem, die Jansen.'

★

-Wanneer begon Esther een rol in je leven te spelen?

'Esther heeft de hotelschool afgerond en bij een advocatenkantoor gewerkt, maar toen ze later via de UEFA werkzaam werd bij de organisatie achter het EK in België en Nederland, kwamen haar ambities in de sportwereld te liggen. Zo kwam ze bij Sport-Promotion terecht, als commercieel medewerker. Langzaam maar zeker begon ze een steeds grotere rol in mijn leven te spelen. Niet alleen privé omdat we een relatie kregen, maar ook op zakelijk gebied. Ze werd mijn steun en toeverlaat bij de transfers die we samen uitvoerden, en ze had dankzij haar verbindende gaven een grote invloed op het succes van Sport-Promotion en later Wasserman. Behalve dat ik van haar hou, is Esther verder ook heel belangrijk voor mijn functioneren.'

-Hoe bedoel je?

'Ze houdt me in balans. Bijvoorbeeld op de momenten dat ik weer de neiging krijg om me monomaan op mijn werk te storten. Of wanneer ik me dreig te verliezen in allerlei boosheden waar je niets aan hebt.'

-Lukt dat altijd?

'Soms wel en soms niet. Ze is slim en meestal heeft ze uiteindelijk ook gelijk, dus ik neem veel van haar aan. Ze probeert rust in mijn bestaan te brengen en beetje bij beetje lukt dat ook. Soms loopt ze alleen iets te hard van stapel.'

-Ja?

'Ze had bijvoorbeeld een keer een heel exotische reis voor ons geboekt naar het Verre Oosten. India, Nepal, Bhutan, dat werk. Niet echt het eerste vakantieoord dat ik zelf zou kiezen, maar ze had het perfect voorbereid, dat wel. We zouden met een privé-gids en een privé-chauffeur alle mooie plekken gaan bekijken. Alleen was die trip vrijwel direct na de transferdeadline gepland. Ik had me maandenlang kapot gewerkt. Ik was dus wel aan vakantie toe, maar dan meer zo een met een bedje langs het strand van een of ander tropisch resort. En niet een eindeloze tocht in 50 graden langs allerlei tempels. Maar dat was wél wat er gebeurde. Ik werd gelijk bij aankomst in Delhi in zo'n riksja gegooid en de stad rondgereden. Weet je hoe vies het daar is? Weet je hoe het ruikt in Delhi?'

-Ik heb wel een idee.

'De volgende ochtend kort voor zonsopgang ging de wekker al. Op naar de eerste tempel. Moest ik zesduizend trappen op, om negen uur, terwijl de temperatuur met elke stap een graadje steeg. En ik wist dat ik om die tijd altijd naar het toilet moet. Dus ik begin het benauwd te krijgen. Mijn geest is alleen maar bezig te herhalen: dit gaat niet goed, Robbie, dit gaat niet goed. Dus ik vraag aan die gids waar het toilet is. "Toilet?", zegt-ie, "we hebben hier geen toilet in de tempel. Maar als je de trap weer af gaat naar beneden, daar wonen mensen in hutjes, en die zijn gewend dat toeristen aankloppen, je geeft ze wat geld en dan mag je van het toilet gebruik maken." Dus ik weer naar buiten. Op mijn sokken, want voordat je tempel in gaat moeten je schoenen uit. Maar daar liggen dus vijfduizend schoenen voor de ingang. En drieduizend sandalen. Allemaal door elkaar. Mijn eigen schoenen kon ik niet meer vinden, dus ik trok op goed geluk maar een paar aan. Trap af, op te kleine schoenen. Intussen begonnen mijn darmen zich ermee te bemoeien. Beneden doet een mannetje open tussen een berg rotzooi, dat heb jij nog nooit gezien. Het bleek de huiskamer. Hij nam me mee naar achter en wees op een gat in de grond. Daar hing een lucht alsof er een kernbom was ontploft. Maar goed, ik even later weer naar boven, weer die zesduizend trappen op, op zoek naar mijn eigen schoenen. Nee, dat was lekker ontspannen, die vakantie.'

-Was het geen mooi land?

'Jawel. Maar veel te heftig voor mij op dat moment. Na de waanzin van India gingen we naar Nepal en toen naar Bhutan. Van de totale gekte naar een heel klein staatje in de rotsen langs de grens met China. Esther had een hotel geboekt dat een klooster vol monniken bleek te zijn. We moesten weer tempels bezoeken, dit keer in de bergen, maar ik zag het niet meer zitten. Ik bleef de eerste dag op mijn kamer, uitrusten. Ik viel gelijk in slaap. Toen ik weer wakker werd, zag ik niemand meer. Het was alsof ik helemaal alleen in dat klooster was. Eén keer verscheen er uit het niets een vrouw die me zwijgend een ei kwam brengen en toen weer verdween. Verder alleen maar lege gangen. Ik ging buiten op een soort platform zitten en keek uit over de bergen van de Himalaya en toen stortte ik helemaal in. Alles kwam bij me binnen. Opeens kon ik alleen nog maar huilen.

Toen Esther en die monnik terugkwamen en me daar huilend op dat stuk steen zagen zitten, wisten ze ook wel: *gaat niet echt goed met Rob.* Ze waren serieus bang dat ik van die rots af zou springen. Daar had ik de voetbalwereld wel een plezier mee gedaan, maar gelukkig hebben ze me tot bedaren weten te brengen. Esther zei nog: hier moet je eigenlijk doorheen, maar daar had ik even geen zin in. Dit was niet mijn idee van vakantie. We hadden nog tien dagen te gaan, maar ik ben naar New Delhi teruggegaan en heb de eerste de beste vlucht terug naar Schiphol genomen. Ik zal je zeggen: ik ben nog nooit zo blij geweest dat ik in een KLM-toestel zat.'

★

Hoewel Rob Jansen het liefst over zijn successen praat, voelt hij zich ook niet te groot om de missers in zijn leven te benoemen. Op de terugweg uit Amsterdam gaat het bijvoorbeeld over zijn relatie met Winston Bogarde.

'Soms loop je tegen een debacle aan,' zegt hij dan achter het stuur, 'dat is nu eenmaal onvermijdelijk. Ik zal je een voorbeeld geven. Vroeger organiseerden we elk jaar het voetvolleytoernooi in Juan-les-Pins. Dat was altijd middenin de transferperiode. Ik begeleidde in die jaren veel Ajacieden, onder wie Winston Bogarde. Die was heel moeilijk om mee te werken. Winston had heel weinig met blanke mensen. Maar ik transfereerde hem wel naar AC Milan. Er zou een geheime meeting worden gehouden in Monaco. Yvette en ik reden erheen vanuit Juan-les-Pins, Winston kwam uit Amsterdam over met zijn vrouw. In het hotel hadden we een gesprek met Braida. Die zit nu bij FC Barcelona maar was destijds de man bij AC Milan. Het werd een heel moeizame bespreking. Er zaten ook Italiaanse zaakwaarnemers bij dat gesprek. En ik merkte toen al aan Bogarde: er is iets. Er is waarschijnlijk op hem ingepraat. Ik merk dat aan mijn spelers, aan hun gedrag. Ogen die constant wegdraaien, apart gaan overleggen met je vrouw, zonder mij erbij, daar word ik allemaal heel nerveus van. Dan weet ik: er gebeuren dingen achter mijn rug.

Een week later ging ik naar Milaan om de boel af te wikkelen. Ik loop het kantoor van Braida binnen en het eerste dat hij zegt is: "Rob, we hebben een probleem. Ik word net gebeld, maar jij bent de manager van Bogarde niet meer."

Ik wist van niks.

"Sorry," zei Braida, "Ik kreeg te horen dat ik nu zaken moet doen met Sigi Lens."

Sigi Lens! Die heb ik bij de VVCS zelf opgeleid. Hij heeft bij mij alles geleerd, ik heb die jongen bijna geadopteerd. En daar sta je dan, net uit het vliegtuig in Milaan, met je grote mond.

"Ja," zegt Braida, "sorry, maar Lens neemt het vanaf nu over. Het contract is net telefonisch afgewikkeld. Het is klaar. De fee gaat ook naar hem."

Ik had me helemaal kapot gewerkt voor Bogarde en daar uiteindelijk nul gulden voor gekregen, maar het gekke is: ik heb daar met Sigi nooit over gesproken. Met nog geen woord. Ik heb direct mijn verlies geaccepteerd. Bogarde is een ander verhaal. Die had niet eens het fatsoen om mij persoonlijk te bellen, dus die speelde al snel geen rol meer in mijn leven. Maar het rare met Sigi is dat wij altijd heel goed met elkaar omgingen. En nog steeds heb ik alleen maar warme gevoelens voor hem. We hebben samen ook veel meegemaakt. Dat vergeet ik niet. Ik heb hem nog begeleid toen hij voetballer was en de SLM-vliegramp had overleefd. Sigi heb ik later nog heel vaak gezien, maar ook hij heeft er nooit meer een woord aan vuilgemaakt. Misschien denkt hij dat ik het niet weet, dat kan ook. Ik heb het maar zo gelaten. Elke zaakwaarnemer maakt dit een keer mee. Hoewel het niet onvermijdelijk is. Als je even langer nadenkt kun je zoiets heel anders oplossen, met veel minder schade. Dan had Sigi mij gewoon moeten bellen en moeten zeggen: "Luister Rob, Winston heeft een beetje moeite met jouw huidskleur, laat mij het verder afmaken en dan delen we na afloop de fee." In dat geval hadden we allebei iets verdiend en was onze relatie intact gebleven. Maar dat deed hij niet.

Spelers worden continu benaderd om van management te wisselen. Dat doen alle makelaars als ze de kans krijgen. Maar ik heb nog nooit een speler van Sigi afgenomen. En dat gaat ook niet gebeuren. Ik heb een zwak voor die jongen. Wij hebben nog steeds een code in ons bedrijf dat we Sigi's kantoor niet aanraken.'

Zo zijn er meer ex-collega's die hem kunnen verbazen. Op een ochtend zit Rob Jansen bijvoorbeeld thuis in zijn joggingbroek aan de keukentafel, slaat de krant open en kijkt dan recht in het grijnzende gezicht van Mino Raiola. Als hij de kop boven het artikel leest, verslikt hij zich bijna in zijn boterham. Er staat:

Voetbalmakelaar Raiola koopt villa Al Capone in VS

De kleurrijke Nederlandse voetbalmakelaar Mino Raiola gaat wonen in de oude villa van gangsterbaas Al Capone in Miami. De Italiaanse Haarlemmer Raiola telde ruim 8 miljoen euro neer voor het luxeoord met zeven slaapkamers, drie gebouwen en een groot zwembad.

Capone bewoonde de villa van 1928 tot aan zijn dood in 1947. Daarna bleef het in handen van de familie van de beruchte maffiabaas tot in de jaren zeventig van de vorige eeuw. Daarna kocht een rijke piloot het complex. In de jaren tachtig raakte de bebouwing in verval, maar vorig jaar is de villa volgens Daily Mail *weer gerestaureerd.*

Volgens de Italiaanse site Panorama wist de welbespraakte Raiola nog enkele miljoenen van de vraagprijs af te krijgen in de onderhandelingen over het stuk vastgoed van bijna tweeduizend vierkante meter.

Het luxueuze adres beschikt over een privéstrand, een eigen haventje, kroonluchters en bijzondere mozaïeken. Het wordt omheind door een hoge stenen muur.

De 48-jarige Raiola verdiende volgens tijdschrift Forbes *bijna 300 miljoen euro aan het bemiddelen van internationale transfers van topspelers in het betaald voetbal. Zo rekende hij deze zomer 23 miljoen euro commissie voor de verkoop van Paul Pogba aan Manchester United.*

Mark van Bommel, Mario Balotelli, Gregory van der Wiel, Blaise Matuidi, Romelu Lukaku en Zlatan Ibrahimovic behoren ook tot het klantenbestand van de excentrieke makelaar, die vroeger als bediende in het pizzarestaurant van zijn vader werkte in Haarlem.

Raiola verhuisde in 1968 op eenjarige leeftijd met zijn ouders naar Haarlem. Later studeerde hij rechten. Hij zette zijn eerste stappen op de transfermarkt met de verkoop van Bryan Roy in 1992, Marciano Vink in 1993, Dennis Bergkamp en Wim Jonk in 1993. Zijn eerste echt grote deal was de Tsjech Pavel Nedved die naar Lazio Roma ging in 1996.

'Hij heeft onder mij nooit een transfer gedaan, al denkt hij zelf misschien van wel,' zegt Rob Jansen, na een slokje koffie tegen de schrik. 'Niet één. Mino droeg vroeger altijd mijn tas.'

Ooit vormden ze een flamboyant duo in Europa, de een als dealmaker, de ander als zijn trouwe en slimme assistent. Tot er een verwijdering ontstond die tot op de dag van vandaag duurt en die af en toe oplaait in een vijandigheid die Jansen niet onberoerd laat, al doet hij er alles aan om zijn ergernis over Raiola te verbergen.

'Mino was tolk en regelaar. En daar was hij heel goed in, kan niet anders zeggen. Alleen toen het me tijdens onderhandelingen begon op te vallen dat mijn antwoorden van een paar zinnen weleens minutenlang in het Italiaans werden vertaald, begon ik het vermoeden te krijgen dat ik moest gaan opletten. Raiola begon zich steeds meer te manifesteren. Boniperti, de voorzitter van Juventus, had me al eens apart genomen en me toevertrouwd dat de vertaling van mijn woorden, om het zachtjes uit te drukken, nogal rommelde. Ook zijn gedrag veranderde, hij werd steeds brutaler in zijn omgang met mensen. Bergkamp had hem al weggestuurd bij de onderhandelingen met Inter, omdat hij zich stoorde aan de manier waarop Raiola zich opstelde. Toen werd het tijd om afscheid te nemen van elkaar.

Als je het goed beschouwt moet Raiola mij dankbaar zijn voor twee dingen: dat hij door mij die wereld in is geholpen en ook dat ik hem uiteindelijk heb verstoten. Dat laatste had ik trouwens anders moeten doen. Ik had netjes afscheid van hem moeten nemen en moeten zeggen: "Mino, jouw manier van handelen en jouw gedrag past niet meer bij de manier waarop ik het wil, dus we moeten afscheid nemen." Dat heb ik niet gedaan en dat was fout. Ik plaats daarvan heb ik ons contact laten doodbloeden. Ik heb niet goed ingeschat hoe boos hij daarover zou worden. Hij voelde zich afgedankt door mij, jarenlang is hij woedend geweest op me. Tot hij Zlatan onder zijn hoede kreeg. Toen sloeg-ie terug. In interviews, maar ook op andere manieren. Manieren die ikzelf nooit zou hanteren bij iemand met een gezin, laten we het daar maar op houden.

In de beginjaren hebben we wel mooie avonturen meegemaakt samen. Hij deed alles voor me. Regelde het hotel, het vervoer, hij tolkte, deed boodschappen, niets was hem te gek om ervoor te zorgen dat hij die wereld binnenkwam. Vooral in Italië was hij goed in de hele show rond zo'n transfer. Dan ging-ie me 'meneer Jansen' noemen, droeg hij mijn tas en hield elke deur voor me open die hij tegenkwam, alleen maar om indruk te maken op de andere partij. Hij deed alles om te slagen, en het is hem uiteindelijk ook gelukt.

Raiola is slim. Hij spreekt vier, vijf talen. Hij kan goed onderhandelen en verkoopt een appel aan een groenteboer als het moet. Hij is een roofdier. Hij voelt instinctief de zwakte van zijn slachtoffers. Zlatan is gelijk aan hem. Die hebben elkaar gebruikt.

Hij is mij inmiddels financieel dik tien keer voorbij. Hij zei altijd: "Als wij samen blijven worden we de grootsten ter wereld. Twee tegengestelde karakters, twee manieren om hetzelfde te bereiken: dat gaat werken." En waarschijnlijk had hij gelijk. Alleen kan ik niet in zijn wereld leven.'

Rob Jansen kan bij vlagen nostalgisch worden als hij terugdenkt aan oude vriendschappen. Sommige van die herinneringen zijn bitterzoet, bijvoorbeeld in het geval van Theo van Seggelen, iemand met wie hij ooit heel dik was voordat er een eeuwige verwijdering ontstond. Maar hij kan vertederd raken door alleen al het noemen van de naam Aad Mansveld, de voormalig verwarmingsmonteur uit het Haagse Laakkwartier, die als libero van ADO zowel bij leven als bij dood een goddelijke status genoot in de stad. 'Vrienden zijn heel belangrijk voor mij. Altijd geweest. Mijn beste vriend is Eric Dordregter, een kunstschilder die ik al sinds mijn jeugd ken. Eric is een lieve jongen. Hij is altijd bezorgd om mij, vindt vaak dat ik te veel werk, te veel rook, te weinig rust neem. Hij was ook een van de mensen die mij opving toen mijn huwelijk op de klippen begon te lopen. Dat was een heel trieste periode in mijn leven, zo halverwege de jaren negentig. Ik werd helemaal opgeslokt door mijn werk voor de VVCS, had een zooitje gemaakt van mijn huwelijk, mijn zoon Michael en dochter Stephanie waren nog jong en zouden later richting een heel zware pubertijd gaan met veel problemen, ik had geen geld en werkte me intussen tien slagen in de rondte. Ik leefde van mijn declaraties bij de VVCS, dat regelde mijn moeder. Ik ging het huis uit en woonde in hotels, bij vrienden en ook een hele tijd op een nauwelijks gemeubileerde flat in Den Haag. Er stond alleen een bed, een bank die ik van Robbie Witschge had gekregen en een paar lampen die John van Loen was komen brengen. Verder had ik echt niks. Robbie Witschge, een ontzettend lieve knul, gaf me af en toe wat geld. Mijn vrienden hebben me er toen echt doorheen gesleept.'

'Aad Mansveld was ook een vriend. Ik was niet zo dik met hem als Lex Schoenmaker en Didi Vathauer, maar hij was wel een echte vriend. Ik weet niet hoeveel uren ik met hem heb zitten klaverjassen, maar het waren er heel veel. Dat zijn we ons leven lang blijven doen, kaarten, ook toen Aad eenmaal kanker had en zwaar ziek was. Op het einde van zijn leven was hij helemaal kaal door de behandelingen en droeg hij een pruik. Die noemde hij 'de marmot'. Ik zie hem nog binnenkomen bij mij thuis. Dan gooide hij zijn pruik op de bank, riep 'en nou oprotten met die marmot', schoof een stoel aan en begon dan gelijk de kaarten te schudden voor het duizendste potje.

Aad was hard, maar *straight*. Ik kende hem uit het uitgaansleven. We klikten gelijk met elkaar. Ik denk dat ik zijn jongste vriend was. Ik voelde me verbonden met hem: twee Haagse jongens in het profvoetbal. Vlak voor zijn dood heb ik hem gelukkig nog veel gezien. Het mooie aan hem was: de humor bleef tot het einde van zijn leven intact. Hij bleef dezelfde cynische grappen maken als altijd, maar nu met zichzelf als onderwerp. 'Als ik er straks niet meer ben, kan de marmot mooi naar Kees Jansma,' zei hij dan. Kees was ook een vriend van Aad, net als Dick Tuit, ooit zijn spits bij VV Laakkwartier.

Ik kan geen enkele datum onthouden, maar dat Aad op 5 december 1991 is overleden, zal ik nooit meer vergeten. Er gebeurde die nacht iets heel raars, iets wat ik later in mijn leven nooit meer heb meegemaakt. Ik lig in bed in Den Haag, ik schrik wakker, ga rechtop in bed zitten en voel een koude wind over mijn borstkas gaan. Ik ben nog slaapdronken maar tik mijn vrouw aan en zeg tegen haar: "Aad is overleden." Daarna draai ik me om en slaap weer verder. En de volgende morgen word ik wakker en hoor dat mijn vriend er niet meer is.'

★

'Weet je wat mijn probleem is?'

-Nou?

'Mijn probleem is dat ik altijd de problemen zelf opzoek.'

-Aha.

'Ja, want dan kan ik me weer ergeren. En zolang ik me erger, blijf ik functioneren.'

-Dus?

'Dus ben ik eigenlijk mijn eigen probleem.'

★

Het was een koude maar zonnige woensdagmorgen in de duinen van Scheveningen, ergens tijdens hun vaste hardlooprondje, dat Esther aan Rob vroeg waar hij eigenlijk zijn verjaardag wilde vieren. De laatste keer was er ter ere van zijn zestigste geboortedag een gigantische verkleedpartij aangericht. Ook dit jaar moest er iets bijzonders gebeuren, vond Esther, en het liefst ook op een bijzondere plek. Gelukkig is haar man een snelle denker.

'Mauritshuis,' hijgde hij.

'Wat?' zei Esther.

'Het Mauritshuis.'

Even dacht ze dat het een grapje was, maar niet veel later stond Rob Jansen met zijn handen op zijn knieën langs een schelpenpad uit te hijgen en was Esther aan het bellen met het museum. Toen ze had opgehangen lachte ze haar tanden bloot.

'Nou, het kan,' zei ze. 'Leuk hè, Robbie?'

En dus gleed er een paar weken later bij dertig mensen een officiële uitnodiging in de bus voor het verjaardagsdiner van Rob Jansen. Daarop zag je Ferdinand Bol's beroemde schilderij van Michiel de Ruyter afgebeeld, naast alle Vermeers en Rembrandts een van de topstukken in de collectie, waarbij voor de gelegenheid het hoofd van de admiraal per fotoshop was vervangen door dat van de jarige. Het is dat op de achtergrond *De Zeven Provinciën* lag te dobberen en niet *La Roesse*, want verder stond het niet eens zo gek.

Details van het feest waren op de achterkant vermeld.

Uitnodiging verjaardagsdiner Rob

Wat: Diner tussen de schilderijen
Waar: Golden Room – Mauritshuis
Wanneer: zaterdag 17 december
Ontvangst: 18.30 – 18.45 uur
Dresscode: Museum chic (feestelijk)
Cadeautip: Bijdrage aan het goede doel Het Vergeten Kind.

Die avond druppelen iets na half zeven de eerste gasten binnen. Normaal gesproken is het museum op dit tijdstip leeg en donker, afgezien van de constant knipperende rode lampjes op de beveiligingscamera's en de onregelmatig terugkerende strook licht uit de zaklamp van een bewaker. Maar vanavond is het anders. Alle lichten zijn aan. En al bij het hek, pal naast het torentje van Mark Rutte, worden de gasten nu verwelkomd door een man met een zilveren V op de borst. Hij wijst de weg naar een ondergrondse ontvangstruimte. Daar is voor de gelegenheid de garderobe ook geopend en gaat een vriendelijke gastvrouw voor naar de eerste verdieping, waar obers al in slagorde met dienbladen bubbels staan te wachten. Daar is ook de jarige, gekleed in traditioneel jacquet, waardoor Rob Jansen nu geheel in stijl op een middeleeuwse kasteelheer lijkt.

Het is een mooi stel dat hier tussen de meesterwerken is samengebracht. Aan de ene kant van de zaal staat Goof Metaal, selfmade man uit de Schilderswijk, woonachtig op het woonwagenkamp, vastgoedhandelaar en beroepspokeraar, aan de andere staat zit Pim Schuurman, internationaal ondernemer en tevens consul honoraire van Vietnam. Dennis Bergkamp, een van de beste spelers die de wereld ooit heeft gekend en die in Londen is vereeuwigd met een standbeeld, eet er een bitterbal naast Jansens buren van een paar straten verderop.

Veel voetbalmensen konden niet komen vanwege wedstrijdverplichtingen of een verblijf in het buitenland, anders waren Dick Advocaat, Ronald Koeman, Chris van der Weerden, Henke Larsson en Phillip Cocu hier ook wel geweest, maar desondanks bleef er nog een select voetbalgezelschap over. René van der Gijp had uiteraard op het laatste moment afgebeld, zoals ingecalculeerd, maar Bergkamp en Edwin van der Sar zijn er wel, net als John van Ringelenstein, de voormalig voorzitter van ADO Den Haag, Kees Jansma en dr. Ed Beeftink, de clubarts van ADO die in hypochonder Jansen niet alleen een loyale vriend maar ook een loyale patiënt heeft.

Het verjaardagsfeestje van Rob Jansen begint in stijl: met een rondleiding langs een paar van de grootste schilderijen uit onze geschiedenis. Het gezelschap wordt in twee groepen verdeeld. Jansen zit in de groep met Van Ringelenstein, Jansma en meneer en mevrouw Metaal. De voertaal is daardoor automatisch Haags, de opmerkingen ook. Oog in oog met het grootste schilderij uit de collectie kun je dit soort dialogen opvangen:

Gids: 'U ziet hier een van onze beroemdste werken, de Stier van Paulus...'

Vrouw van Goof: 'Hé! Kijk dan, helemaal links naast die stier! Dat mannetje! Dat is Teun, van de leesplank!'

Gids: '... de Stier van Paulus Potter. Het is...'

Goof: 'Paulus Potter? Krijg nou wat... In die straat ben ik geboren!'

Gids: '... het is ons grootste doek.'

Jansma: 'Mooie stier. Ik zou trouwens zelf inmiddels ook wel een stukje vlees lusten.'

Gids: '... volgt u mij, naar de volgende zaal?'

Jansma: 'Een soepje vooraf misschien? Het is maar een ideetje hoor.'

Buiten maken honderden lichtjes een kerstkaart van Het Plein. Binnen trekt het gezelschap langs rijen Hollandse meesters. 'Kijk Rob,' zegt Kees Jansma bij een Jan Steen waarop een forse man op een troon zit met wat goudstukken aan zijn voeten, 'daar heb je Raiola.' Jansen hoort het niet. Hij staat bij een topstuk van Vermeer. 'Knap hè, van Kenneth?,' zegt hij, 'zo mooi schilderen met van die keepershandschoenen aan?' Maar op het einde van de rondleiding is iedereen toch een beetje onder de indruk van zoveel schoonheid op zo weinig vierkante meters. Iedereen, behalve John van Ringelenstein dan. 'Rembrandt, Vermeer: voor mij is in principe elk schilderij hetzelfde,' zegt hij. 'Dat heb ik trouwens ook met vakantiefoto's.'

Daarna maakt de jarige een plechtig gebaar en zwaaien de deuren van de gouden zaal open. Binnen openbaart zich een blinkende teletijdmachine, een kamer in de stijl van Lodewijk de veertiende, zo authentiek dat het bijna teleurstellend is te merken dat Rob Jansen het diner voorzit en niet gouverneur Johan Maurits zelf.

'Ik ken niemand die zo goed kan praten als hij,' zei Henke Larsson een keer tijdens een bezoek aan Nederland over zijn vriend. Hij overdreef niet. In vorm is Jansen een causeur van groot formaat.

Zijn eigen verjaardagsfeest opent hij door bij elke gast een kleine speech af te steken, stuk voor stuk precies goed qua toon en lengte. Iedereen komt aan de beurt, van Kees Jansma ('Ik ken je al sinds mijn kindertijd, ik heb mijn hele leven altijd tegen je opgekeken en dat doe ik eigenlijk nog steeds'), tot Edwin van der Sar ('Dat we elkaar warmte kunnen geven als dat nodig is, daar ben ik heel trots op.'). Tussendoor wordt er uiteraard ook gelachen, maar als zijn zoon Michael aan de beurt is, is het opvallend hoe negatief en streng hij oordeelt over de wereld waarin hij zelf groot is geworden.

'Als je het hebt over tegenstellingen, dan heb je aan de ene kant Michael, hopelijk mijn opvolger, waar ik heel trots op ben, en van wie ik heel veel van hou, en aan de andere kant zijn meisje. Annemijn leeft in een totaal andere wereld dan wij. Zij heeft een serieuze opleiding genoten en zet zich dagelijks in voor geestelijk gehandicapte kinderen. Dat vind ik heel knap, dat die twee werelden toch onder één dak kunnen samenleven. Aan de ene kant de voetballerij, met al z'n oppervlakkigheid, z'n hypocrisie, het geldbeluste, het ego, het blablabla. En aan de andere kant een sterke jongedame die dan thuis ook nog wordt geconfronteerd met de gekte van haar man. Complimenten aan jou, Annemijn.'

Daarna moet Rob Jansen voor het eerst die avond even slikken.

Misschien dat hij zelf ook opeens doorheeft dat hij onbedoeld een zelfportret heeft geschetst.

De meeste mensen die hier aan tafel zitten waren er ook al bij toen Rob Jansen zijn veertigste verjaardag vierde en hij het complete gezelschap door de KLM liet inschepen voor een vliegreis naar Zuid-Frankrijk, waar hij voor iedereen had gereserveerd bij Club Med. Want Rob Jansen is een trouw en gul mens.

Je ziet het ook aan zijn personeelsbeleid. Dick Tuit, een van zijn trouwe medewerkers, kent hij al bijna veertig jaar. Tuit ontfermde zich over Michael toen die als puber dreigde te ontsporen, trok met hem door Australië en leverde de jongen als herboren weer af in Den Haag. Daardoor kan hij nooit meer stuk bij Rob Jansen. En met Theo Booms, zijn financiële man en steun en toeverlaat in het dagelijks leven, gaat hij al om sinds de jaren waarin Jansen zijn trainer was bij de Haagse voetbalclub LenS. Hem beschouwt hij als familie.

Zijn gevoel voor loyaliteit, ongetwijfeld gevoed door het gedachtegoed van zijn vader, verklaart ook de diepe pijn die hij voelde toen sommige spelers hem na een verbond van jaren plotseling de rug toekeerden. Dan schuwt hij de grote woorden niet. 'Van Bommel en Afellay hebben echt emotionele schade aangericht bij mij,' zegt hij dan. 'Van Hooijdonk, ook zo iemand. Heb ik zijn hele loopbaan lief en leed mee gedeeld. Als die dan lelijke dingen over mij vertelt op televisie, dingen die bovendien niet waar zijn... Ja, dat raakt mij. Dat doet pijn.'

Tegenwoordig wisselen spelers van zaakwaarnemer met een snelheid en gemak die nog onvoorstelbaar was in de jaren dat Rob Jansen opgroeide. Hij komt uit het tijdperk dat een voetballer van debuut tot afscheidsduel bij één vertrouwensman bleef. 'De band met de speler is nu van veel kortere duur dan in mijn tijd, waardoor de impact bij vertrek ook veel minder groot is. Ik hoor het aan de laconieke reacties van de makelaars van nu: ze zijn niet meer zo van slag als een speler naar een ander overstapt, het is ingecalculeerd. Maar ik ben er echt heel verdrietig van geweest, van een paar gevallen. Van Bommel heeft mij diep geraakt. Afellay ook. Daar heb ik jaren last van heb gehad.'

Nog steeds snijdt het hem dwars door de ziel wanneer een jarenlange relatie met één telefoontje wordt opgezegd. Maar hij zegt te hebben geleerd van het verleden. 'Alfred Schreuder belde me nog niet zo lang geleden op, om te zeggen dat hij na 25 jaar wegging. Andere agenten hebben een halfjaar op die jongen ingewerkt. Nu hadden ze hem ervan overtuigd dat zij de Duitse markt beter kennen dan ik. Onzin, ze weten helemaal niets, maar Alfred belde me om te zeggen dat hij met ze in zee ging. Ik heb alles met die jongen meegemaakt, dus ik vond het heel verdrietig. "Oké, succes dan," heb ik gezegd, "ik vind het heel heftig wat je doet, heel onterecht en onnodig ook. Bovendien is het een domme beslissing." Maar toch heb ik hem succes gewenst. En dat meen ik. Ook uit een soort zelfbescherming. Ik dacht: jij gaat niet bij mij aanrichten wat Van Bommel en Afellay in mijn leven hebben aangericht. Daar heb ik geen zin in. Ik heb opgehangen, een paar keer geslikt en ben weer verder gegaan.'

Een zaakwaarnemer die zegt zich zo begaan te voelen met het lot van zijn speler, is in de schijnwereld van het topvoetbal hetzelfde als een spits die na een doelpunt het embleem op zijn shirt kust: bij de meesten is het hypocriet effectbejag, maar bij sommigen is het echt. In het geval van Rob Jansen lijkt het er sterk op dat het echt is.

'Verraad,' zegt ook Harro Knijff, zijn vriend en vaste advocaat, 'dat is het ergste dat je hem kunt aandoen. En het vertrek van Afellay en Van Bommel beschouwt hij als verraad.'

★

-Dat het vertrek van Afellay en Van Bommel jou zo raakt, komt ook doordat zij uitgerekend naar Mino Raiola overstapten.

'Natuurlijk. Ik ontken niet dat dat meespeelt. Ze kozen voor iemand van wie ze wisten dat ik daar moeite mee zou hebben. Zoiets doe je niet. Maar daar dachten ze zelf kennelijk anders over. Er was overigens wel meer dan dat.'

-Wat dan?

'De band die je met een speler kunt voelen. Ik zag Afellay als een zoon. Je kunt alleen maar door iemand worden gekwetst als je ook om die persoon geeft. Dat was het geval bij Ibrahim.'

-Verklaar jullie band eens.

'Ik had in eerste instantie vooral met hem te doen. Toen ik hem voor het eerst ontmoette, zag ik een verdrietige, boze, teleurgestelde jongen. Iemand die gevangen zat tussen twee werelden: de islamitische wereld en de voetbalwereld. Phillip Cocu introduceerde ons destijds. Hij zei: "Je moet hem helpen, hij heeft professionele begeleiding nodig." Ik maakte kennis met zijn familie. Ik leerde Ali kennen, zijn broer, een eerlijke, hardwerkende knul. Zijn moeder, voor wie ik enorm veel respect heb, en die haar vijf kinderen helemaal alleen op een fantastische manier heeft opgevoed. En uiteindelijk leerde ik ook Ibrahim zelf kennen. Ik vond hem lief. Hij was aanhankelijk. Misschien omdat zijn vader al vroeg was overleden. Maar vroeg of laat wordt ook zo'n jongen beïnvloed door mensen uit zijn omgeving. En als het dan minder gaat op het veld, gaan ze de schuld bij iemand zoeken. Soms komen ze dan zelfs uit bij de zaakwaarnemer. En als Raiola op de achtergrond dat vuurtje nog een beetje aanwakkert, dan is het gebeurd.'

-Hoe zou je jouw vakgebied omschrijven?

'Als een jungle, met de bijpassende roofdiermentaliteit. Iedereen probeert te overleven ten koste van de ander. Ik merk het altijd gelijk wanneer mijn spelers bellen en ze zijn geïnstrueerd om zich los te weken. Ik herken dat. Het is altijd hetzelfde.'

-Hoe bedoel je?

'Een speler zegt "ik voel geen klik meer", of "het gevoel is niet meer zo goed". Dan is het voor mij al klaar. Dan kun je maar beter gelijk stoppen, want het heeft geen zin meer. Het vertrouwen is weg. Dan kun je nog maar één ding doen: netjes afscheid nemen, ophangen – klik – en er geen aandacht meer aan besteden.'

*

Het regent dat het giet, wanneer Rob Jansen met nog kleine ogen van de slaap het Jet Center van Rotterdam-The Hague Airport binnenwandelt. Henke Larsson, minstens zo slaperig, sjokt zwijgend achter hem aan. In de privé-vertrekhal staan nog een paar voetballers te geeuwen. Vreemd is dat niet. Het is zes uur 's ochtends.

Op de startbaan staat een private jet van Duitse makelij te ronken voor vertrek naar Noord-Italië. Binnen, in de wachtruimte, zit de rest van het reisgezelschap voor vandaag: Ronald Koeman, Johnny Heitinga, Chris van der Weerden, de Amsterdamse diamantair Benno Leeser en diens stiefzoon en mededirecteur David Bijlsma, Han Berger en vaste fiscalist Wim Nan. Allemaal hebben ze een uitnodiging gekregen voor de jaarlijkse Wasserman Relatiedag.

Vroeger, in de tijd van Sport-Promotion, werd er altijd gegolfd en kon je één dag per jaar voor honderden interlands over de greens zien trekken, maar sinds de internationale voetbalkalender zo is volgestouwd met wedstrijden is het ondoenlijk om iedereen nog bij elkaar te krijgen. Vandaar dat er voortaan elk jaar voor een klein gezelschap een leuk evenement wordt georganiseerd. Dit keer is het een eendaagse trip naar de beroemde Ferrari-fabrieken in Modena en de mogelijkheid om daar tussen lunch en diner zelf met een auto van vier ton de bergen in te trekken.

'Zo,' zegt Jansen, wanneer hij door de schuifdeuren komt, 'jullie zijn lekker vroeg op.'

Hij begint iedereen te begroeten. De meesten krijgen een warme omhelzing. Jansen is blij dat hij er even een dagje tussenuit kan met oude vrienden, want er zijn nogal wat zaken die zijn goede humeur bedreigen. Om te beginnen staat hem een tweedaags en uitgebreid medisch onderzoek te wachten waar hij zich bepaald niet op verheugt, en houdt ook de uitslag hem meer bezig dan hem lief is. En daarnaast is zijn kantoor net een paar dagen onderworpen geweest aan een uitgebreide boekencontrole door de belastingdienst, volgens hem een directe erfenis van zijn zakelijk geschil met de voormalige leiding van FC Twente.

'Onno Jakobs en zijn advocaat Dolf Segaar, die hebben

dit veroorzaakt. De eerste zaak tegen Twente hebben wij gewonnen, maar binnenkort komt een tweede zaak voor bij het Nederlands Arbitrage Instituut, en dit zijn de inleidende schermutselingen. Heel vermoeiend allemaal. Kijk, die mensen van de belastingdienst hebben bij ons overal in mogen kijken, geen enkel probleem. Maar wat denk je dat deze onzin allemaal kost, behalve heel veel negatieve energie?'

In de wandelgangen noemt hij Onno Jacobs en Dolf Segaar negen van de tien keer The Dolfonno's, alsof ze een obscuur en niet serieus te nemen popgroepje uit de jaren vijftig zijn in plaats van een voetbalbestuurder en zijn advocaat, maar intussen ligt hij wel regelmatig wakker van deze zaak. Om niet te zeggen dat het zijn bloed al laat koken wanneer hij er alleen maar aan denkt. 'Dat is mijn vakbondsachtergrond die me in de weg zit,' zegt hij op een van de sporadische momenten waarop hij de zaak van een afstandje kan beschouwen. 'Ik ben begonnen als idealist, moralist, als iemand met Don Quichotte-achtige neigingen. Ik probeerde de wereld van de voetbalagenten te veranderen en te verbeteren. En ik heb daarin ook best veel bereikt. Alle grote agentenbonden stammen direct af van mijn bureau. Daar is het allemaal begonnen. Dus ik kan best met trots terugkijken op wat ik daarin samen met mijn vaste groep mensen heb gedaan. En daarom raakt het mij extra hard wanneer ik door zo'n meneertje van FC Twente op één hoop word gegooid met het soort agenten dat ik juist mijn hele leven heb proberen te bestrijden. Deze mensen, Onno Jacobs en zijn vriendjes, moeten zich schamen. Het is de omgekeerde wereld dat ik me moet verdedigen voor mijn werkwijze, alsof ik gefraudeerd zou hebben, terwijl ik in werkelijkheid de club juist geholpen heb, anders waren ze in 2013 gewoon hun licentie kwijt. Ja, daar ben ik heel boos over.'

Maar nu, hoog en comfortabel in de lucht, is er een zeldzaam moment van ontspanning over hem gekomen. Tussen de voetballers voelt hij zich thuis. Hij kent de toon, de taal, de mentaliteit. 'Ik ben geboren in een kleedkamer,' zegt hij altijd. Hij weet hoe ver hij kan gaan met zijn grappen, hij voelt instinctief aan wat de jongens leuk vinden en wat niet. Hij kijkt niet tegen ze op, want hij is opgegroeid tussen grote voetballers. Hij heeft als kind op schoot gezeten bij ADO-legende Carol Schuurman, als puber hoorde hij zijn vader weleens telefoneren met Johan Cruijff of Piet Keizer. Dan raak je niet snel onder de indruk van de linksback van Heracles.

Binnen twee uur staat het hele gezelschap voor de beroemde poort van de Ferrari-fabriek in Maranello. Daar staat ook Jorien van den Herik al in de zon te wachten. Hij is vanuit zijn woonplaats in Zwitserland binnen vierenhalf uur tijd naar hier gereden, want een blik in de keuken van het beroemdste automerk ter wereld is een vrij zeldzaam voorrecht dat hij niet aan zich voorbij wil laten gaan.

Over zijn gastheer van vandaag zei Van den Herik een keer: 'Rob heeft het zakelijk goed gedaan, wat heel knap is, en heeft er geen moeite mee dat ook te laten zien.' En inderdaad: Jansen kan genieten van een mooie auto. Zelf had hij zijn eigen auto, een Bentley zo groot als een vliegdekschip, onlangs al weer ingeruild. Hij had er amper vier maanden in gereden. In plaats daarvan stond er nu sinds enige weken een Porsche voor de deur. 'Hij beviel niet, die Bentley,' zei hij een keer bloedserieus. 'Dat was typisch weer zo'n impulsaankoop.'

Tussen de middag wordt er geluncht in het legendarische Ferrari-restaurant Montana, vaste lunchplek voor alle grote coureurs. Binnen openbaart zich een racemuseum vol mannenkitsch. Ontelbare gesigneerde helmen, van Sebastian Vettel en Fernando Alonso tot Jacky Ickx en Mario Andretti. In dit restaurant liggen de handschoenen van Rubens Barrichello, de cap van Nelson Piquet en tientallen persoonlijke items van de zo betreurde Michael Schumacher. Tot op de wc word je aangestaard door Felipe Massa.

Er hangen ook voetbalshirts tussen de Formule 1-porno. Wanneer het gezelschap na de lunch het restaurant verlaat, passeren Jansen en Koeman het ingelijste exemplaar van Pavoletti. Ze hebben er geen oog voor. Koeman en hij praten wel nog steeds over het transferbeleid van Everton, maar de naam Pavoletti is al maanden geleden geschrapt. Alexandre Lacazette, nu nog speler van Olympique Lyon, is een naam die veel vaker valt tussen hen, samen met die van Olivier Giroud.

'S Avonds wordt er gegeten aan een lange tafel op een dorpsplein, maar regelmatig verlaat Rob Jansen zijn stoel om even te telefoneren. Er zijn problemen met een transfer die hij in opdracht van Everton in het diepste geheim probeert rond te krijgen. 'Er zitten vijf agenten tussen. Het gaat om een Algerijn met een Frans paspoort, die meerdere managers heeft. Zij hebben een volmacht gegeven aan een Franse agent, om voor hen een club te zoeken. Die Franse agent geeft weer een volmacht aan een Engelse agent, van wie hij ten onrechte vermoedt dat hij de markt goed kent. In werkelijkheid is hij bij toeval op de radar van Everton gekomen. Wij zijn al weken met die jongen bezig. Vleugelspeler. Goede voetballer. Die mensen hebben al onderhandeld met Everton, ik heb de clubs rond, ik heb de hele transfer zo goed als rond, maar toen Koeman dit weekend voor het eerst met de speler sprak, bleek dat die jongen op dat moment pas voor het eerst van Everton hoorde. Hij wist niets van de belangstelling. Was niet geïnformeerd. Omdat die struikrovers om hem heen de buit al aan het verdelen waren en dat liever buiten hem om deden. Nu zegt die jongen: 'Ik weet niet eens of ik wel weg wil, ik voel me onder druk gezet.' Dit hadden we allemaal al veel eerder moeten weten. Nu moeten we op korte termijn een ander zien te vinden. Dat is niet makkelijk.'

In Italië kondigt de avond zich aan. Het begint al wat

kouder te worden. Er passeert een hinkende man op krukken het terras. 'Kijk Ronald,' zegt Van den Herik tegen Koeman, 'daar gaat een oude tegenstander van je.' De stemming begint melig te worden. 'Zullen we gaan?' zegt Jansen en hij is het nummer van de gezagvoerder al in zijn telefoon aan het zoeken, zodat het vliegtuig in gereedheid kan worden gebracht.

Henke Larsson maakt dat al niet meer mee. Hij heeft vanmiddag een vlucht naar Nice genomen, richting zijn vakantie vierende gezin. Vlak voor vertrek zegt hij over Rob Jansen: 'We zijn hecht met elkaar, onze gezinnen ook, omdat we al veel hebben meegemaakt samen. Als vakman is hij uniek en ontzettend goed in zijn vak. Hij is de beste onderhandelaar die ik ooit heb gezien, en dat zeg ik niet om te slijmen. Maar het belangrijkste vind ik dat hij probeert een goed mens te zijn. Daarom is hij mijn vriend.'

Ergens in het Hilton is nog een kopie te vinden van de aantekeningen die Rob Jansen destijds maakte tijdens de eerste bespreking tussen de jonge talentvolle Feyenoorder Henke Larsson en zijn nieuwe club. De cruciale bedragen zijn met doorhalingen onleesbaar gemaakt, maar desondanks is het een fascinerend document. In sierlijke maar ook gehaaste letters is de oorsprong van een van de meest succesvolle en lucratieve transfers uit de lange en rijke geschiedenis van Celtic Glasgow te zien, genoteerd in een Hema-schriftje van hooguit 2,95 euro en grotendeels uit de losse pols.

Er staat:

Bespreking Celtic - Larsson
8 juli '97 Gouda.

David Hay, Jock Brown - Celtic
Henrik/Magdalena
-RJ/YP

* 3 jaar is ok.
* xxxxxxxxxx Pond 1 juli – ieder jaar
  xxxxxxxxxx Pond salaris
  xxxxxxxxxx Pond per wedstrijd = circa 36 wedstrijden
  per seizoen = circa xxxxxxxxx Pond

<u>Voorstel</u>
3 jaar contract
xxxxx Pond salaris
xxxxx Pond signing fee
xxxxx Pond na meer dan 30 wedstrijden spelen, als basisspeler beginnend aan de wedstrijd. Maakt niet uit hoeveel wedstrijden – voor welke cup/league.

* Indien HL getransfereerd wordt, ontvangt hij boven meerbedrag van betaalde xxx NLG, xx procent van dat meerbedrag.
* Salaris doorbetaald bij blessures, ziekte en/of arb. ongeschiktheid. Premies collectieve regeling.
* 6 return tickets – Zweden (totaal – dus geen babyticket – 2 personen drie tickets is 6 return tickets.)

* Verzekeringspremie auto speler zelf. Club helpt bij verzekering.
* PR-activiteiten voor club (14 uur p. week)

Auto

Sponsor / Verzekering zelf

Huis

- Waarschijnlijk kopen is beter. Terugkoopverplichting club = ok. Maar markt stijgt – verdiensten beter.

Hotel

- Tot huis gevonden is (ontbijt+diner) Telefoon/extra eigen rekening (tot 3 mnd)

Interlands

- Vrije tijd voor Zweedse nationale elftal

Schoenen

Vrij

Image

Celtic koopt image HL niet af. HL zal geen reclame maken voor conflicterende partij.

Remaid Costs

maximum bedrag xxx Pond

Pers

geen negatieve uitlatingen pers/media

Hond/Paard

Quarantaine 6 mnd'en. Kennel in Schotland, op maximaal 30 minuten

Extra bedrag rondom salaris:

bij meer dan 20 wedstrijden: xxxx Pond

bij meer dan 30 wedstrijden: xxxx Pond

Zaterdag 12 juli: Amsterdam-Edinborough

Henrik + Rob retour laatste vlucht

24/7 – Kennel kijken

14-15/7: medische keuring

24/7 persconferentie.

★

-Jouw bureau geeft per jaar een vermogen uit aan vliegtickets.

'Ja, het is niet echt een klimaatneutrale business waar we in zitten.'

-Is dat allemaal echt nodig?

'Ja. Ik ben *Old Skool.* Ik geloof in oogcontact, in een relatie opbouwen met iemand en dan langzaam samen naar een project toewerken. Ik geloof niet in e-mail.'

-Je gelooft niet in e-mail?

'Nee. Ik word gek als ik mijn medewerkers hoor zeggen dat ze wel even een mailtje sturen naar een club om te vragen of er toevallig nog een linksbuiten nodig is. Dat heeft in mijn wereld totaal geen zin. Er is nog nooit een transfer per e-mail gesloten. Nog nooit.'

-Vandaar dat ook de jongere generatie binnen jouw bedrijf nog overal heen vliegt.

'Ja. Ik vind het noodzakelijk voor die jongens om regelmatig in het buitenland te werken. Ze moeten gevoel voor de volksaard krijgen, ze moeten een instinct voor mensen ontwikkelen. Ze moeten gaan aanvoelen hoe het is om te onderhandelen met een emotionele voorzitter op Cyprus, ze moeten leren dat ze zich in Italië heel anders moeten opstellen dan in Zweden. Wat in Spanje kan – je fee bespreken nadat de transfer al is afgerond bijvoorbeeld – moet je echt niet proberen in Turkije, of Griekenland. Dan krijg je je geld nooit. Dat is kansloos, daar moet je je heel anders opstellen. En dat moet je door schade en schande leren. Niet door mailtjes te sturen. Werkt niet.'

-Hoe stel jij je dan op in landen als Griekenland, Turkije, Cyprus?

'Heel direct. Daar zeg ik heel duidelijk: dit is het, zo doen we het, dit moet allemaal bevestigd worden en anders ga ik helemaal niets doen. En dat accepteren ze, want ze weten zelf ook wel dat ze niet altijd even betrouwbaar zijn. Je moet je dus aanpassen. Je moet weten dat je in bepaalde culturen een man moet zijn. En een man is hard en direct en die zegt: tot hier en niet verder. Dat waarderen ze. Russen zijn ook zo. Met Russen kun je ook afspraken bevestigen met een *handshake*. Dat moet je in Griekenland ofzo niet doen. Daar moet je alles zwart op wit hebben. En vooral: je fee vooraf vastleggen.'

-En als je dat niet doet?

'Dan is de kans levensgroot dat je heel charmant in de maling wordt genomen. Nemen ze je mee uit eten, gezellig, maar als je over je geld begint, doen ze net of ze van niks weten. En op het einde zeggen ze: nou, je kan vijftigduizend krijgen, maar dan moet je ook wegwezen. En meer zit er dan ook echt niet in.'

-En Italië?

'Ik hou van Italië. Ik geniet van het toneelstuk waar je altijd in belandt. Toen Jonk en Bergkamp bij Inter speelden en ergens gingen eten, werd de straat vaak aan twee kanten afgezet. Dat was niets voor die jongens, maar ik vond het gewel-dig, zo'n Fellini-film waar je in terechtkomt. Ik heb er het liefst nog een politiehelikopter bij. Maar je moet zakelijk wel héél voorzichtig zijn.'

-Omdat er vaak agenten tussen zitten?

'Ja, maar dat geldt niet alleen voor Italië. Als je überhaupt werkt aan transfers waar agenten tussen zitten, zelfs als je ze goed kent, dan nog moet je opletten. Daar verlies je altijd geld op. Omdat het merendeel is getraind om hun collega's af en toe verkeerd te informeren, om het zo maar te zeggen.

Als ik werk met een agent die ik niet goed ken, calculeer ik altijd in dat wat hij afspreekt niet nakomt. Op kantoor vragen ze dan: "Ben je nu niet boos op hem?" Nee, waarom? Ik heb er al rekening mee gehouden.'

-En als je bij een volgende transfer weer met hem moet werken?

'Dan doe ik dat weer, en nog op een beschaafde manier ook. Het heeft in mijn wereld geen zin om overal vijanden te maken.'

-Komt het vaak voor dat je rekening niet wordt betaald?

'Clubs proberen er soms wel onderuit te komen, ja. Maar tot nu toe zijn onze rekeningen bijna altijd betaald.'

-En als ze niet betaald worden, wat doe je dan?

'Hangt van het land af. Heb je een probleem in Rusland, dan zou ik het maar laten zitten. Zuid-Amerika ook. Zuid-Afrika. Alle Arabische landen. Even slikken en verder lekker laten zitten.'

-Ja?

'Natuurlijk. Wat wou je doen dan? Naar een Arabische rechtbank stappen? Veel succes.'

★

Het is weer met grote passen en klassieke voetbalbenen dat Rob Jansen zich op deze zondagmiddag door de gangen van Schiphol beweegt. Over twee uur begint iets verderop in Amsterdam de wedstrijd Ajax-Feyenoord, maar daar heeft hij geen tijd voor. Vandaag vliegt hij naar Spanje om even bij te praten met de voorzitter van Atlético Madrid.

Als boven Katwijk het toestel al begint te schudden door een hevige vlaag van turbulentie, komt het gesprek als vanzelf weer op Dennis Bergkamp. Jansen was destijds degene die voorzichtig aan Arsenal moest vertellen dat hun nieuwe aankoop weliswaar heel sierlijk kon voetballen, en dat ze ongetwijfeld veel plezier aan hem gingen beleven, maar dat hij met nog geen honderd mitrailleurs het vliegtuig in te krijgen was. 'Dat is wel even lastig geweest, ja,' zegt hij, 'maar ik moest het zeggen, want die vliegangst zat heel diep bij Dennis, veel dieper dan ik in eerste instantie dacht. Het was tijdens het WK'94 ontstaan, toen hij met Oranje het beruchte bomincident meemaakte. En het was helemaal klaar voor hem, toen hij een keer met een privé-jet van Inter vloog, uit het raam keek en zag dat de linkermotor in de fik stond. Voor die tijd was hij trouwens ook al geen liefhebber, hoor. Als lid van de Oranjeraad zat ik een keer naast hem toen we naar Engeland vlogen voor een of andere interland. Hij transpireerde zich gek en greep al bij het opstijgen mijn hand vast. Helemaal klam. Het was kortom volledig uitgesloten dat Dennis ooit nog in een vliegtuig zou stappen. En vroeg of laat moest ik dat toch aan Arsenal vertellen vond ik, hoewel niemand ernaar vroeg tijdens de onderhandelingen. Het was op het kantoor van David Dein, de vice voorzitter van Arsenal, in het oude Highbury. De transfer was zo goed als rond, iedereen was happy, de champagne kon bij wijze van spreken worden ontkurkt, toen ik mijn hand opstak en zei: "O ja, nog één klein dingetje, over Dennis: hij vliegt niet." Had je die Engelse koppen moeten zien! Totale verbijstering. Het was best spannend hoe ze zouden reageren. In het begin waren ze *not amused*, maar uiteindelijk konden ze er wel om lachen. Ze waardeerden het dat ik het in elk geval had verteld. Als je dingen maar met een beetje humor brengt, kun je veel maken.'

Hoewel zeker niet vrij van lichte neuroses, heeft Jansen zelf geen aanleg voor vliegangst. Anders zou de KLM hem ook niet hebben beloond met de Platinum Card for Life, een levenslang voorrecht dat alleen is voorbehouden aan het handjevol passagiers dat tien jaar lang minstens zestig vluchten per jaar maakt, een aantal waar hij in zijn hoogtijdagen fluitend aan voldeed. 'Vliegangst heb ik niet, maar claustrofobisch ben ik wel. Kleine liften, daar doe je me geen plezier mee. En als ik in een scanapparaat moet, zo eentje waarin je na dertig seconden het gevoel krijgt dat je in je eigen doodskist ligt, dan laat ik me eerst lichtjes verdoven. Of mijn zoon gaat mee om mijn been vast te houden, zodat ik toch nog een beetje contact met de buitenwereld heb.'

Een week eerder had hij zich als fulltime hypochonder weer twee dagen lang volledig binnenstebuiten laten keren in het ziekenhuis, dit keer met een uitgebreid darmonderzoek als hoofdprogramma. Hoewel de boodschap van de artsen vrijwel altijd hetzelfde is ('we hebben niets kunnen vinden, meneer Jansen') maakt zich toch altijd weer een groot gevoel van opluchting van hem meester wanneer de verlossende woorden zijn gesproken.

Daarna had het leven weer zijn gebruikelijke gang genomen. Er waren problemen om op te lossen en problemen om te voorkomen. 'Ik heb veel tijd besteed aan de zaak Kongolo en de vervalste handtekening, we zijn met Sven van Beek weer de medische molen in gegaan omdat hij last blijft houden van zijn voet, ik heb met Joël Veltman gesproken over zijn toekomst bij Ajax, even kijken, wat nog meer? O ja, eindelijk heb ik Ajax zo ver gekregen om te onderhandelen over het contract van Dennis Bergkamp. Dat was bij Dennis thuis. Ook best een aparte situatie, omdat Van derSar aan de onderhandelingstafel tegenover Dennis zat, terwijl ik de zaakwaarnemer ben van alle twee. Nou, verder heb ik twee kronen laten vervangen in mijn bovengebit en heb ik gisteravond een meridiaan-massage gehad in Hotel Des Indes, wat erop neerkomt dat je door een heel klein, lief Indisch mevrouwtje lachend helemaal uit elkaar wordt getrokken. O ja, ik ben ook nog even bij Phillip Cocu geweest om over zijn toekomst bij PSV te praten, want Bert van Marwijk en Mark van Bommel zitten al in de wachtkamer om het over te nemen, dus daar moeten we op anticiperen. Phillip ken ik ook al mijn halve leven. Ik heb heel veel waardering voor hem. Hij is integer en fatsoenlijk, wat vrij opmerkelijk is in onze wereld. Hij is een vedette die zich nooit als een vedette heeft gedragen, want vergis je niet hoe groot hij als voetballer is geweest. Aanvoerder van Barcelona, aanvoerder van Oranje, dan ben je geen koekenbakker. Maar omdat hij qua gedrag altijd zo rustig en op de achtergrond blijft, is Phillip in mijn ogen altijd een beetje ondergewaardeerd geweest.'

En dan was er na de dramatische nederlaag van Oranje nog het ontslag van Danny Blind als bondscoach. Ook daar is hij druk mee geweest. 'Gelukkig wist ik al dat het er aan zat te komen. Hans van Breukelen was zo handig geweest om in de Oranjeraad te roepen dat de KNVB allang bezig was met de opvolging van Danny Blind, terwijl zijn zoon Daley daar gewoon bij zat. Het kwam dus niet als een verrassing.'

Aan boord van vlucht KL1703 is er eindelijk tijd om op adem te komen. Voor vandaag is hij even uitgewerkt, al zal hij straks – op zijn kamer in het Ritz hotel, recht tegenover het Prado – nog wel het dossier Atlético Madrid nalopen: de budgetten, de sponsors, de eigenaren, de spelers en hun marktwaarde en allerlei andere *inside information* die handig kan zijn wanneer hij morgen koffie drinkt met Miguel Ángel Gil Marín. Die is de zoon van wijlen Jesus Gil y Gil, de omstreden ex-president van Atlético en minstens zo omstreden burgemeester van Marbella, wiens portret desondanks in de gangen van het stadion met een bijna communistisch aandoende devotie alle ereplekken inneemt.

Gil Marín en Jansen zijn oude bekenden van elkaar. Al in de beginjaren negentig kwam hij in Estadio Vicente Calderón om de diensten van John van Loen aan te bieden. Hij voerde er in 2004 in het geheim besprekingen over Dirk Kuyt en in 2009 net zo geheim over Mark van Bommel. Geen van hen droeg ooit het rood-wit-blauwe tenue, maar Jansen hield er in elk geval wel een goed contact in Spanje aan over. Verder kwamen ze elkaar regelmatig tegen op het jaarlijkse voetbalgala in Dubai, waar ze ooit allebei werden onderscheiden door hun vakgenoten. In het plakboek van Jansen staan nog foto's van hem met Diego Maradona, terwijl hij trots zijn oeuvre award toont. Gil Marín won zelfs twee keer een prijs, wat in de Spaanse pers op weerstand stuitte omdat hij net als zijn vader in het verleden wegens fraude is veroordeeld tot een gevangenisstraf van anderhalf jaar.

Waar ze morgen over gaan praten is nog niet helemaal duidelijk, de precieze bedoeling van het bliksembezoek staat ook nog niet helemaal vast. 'Ik ga daarheen om het contact met Miguel te onderhouden. En om informatie te vergaren over de situatie bij Atlético, en de rest van Spanje. Niet alleen op voetbalgebied, maar ook politiek of financieel of wat dan ook. Alles kan waardevol zijn in de toekomst, elk snippertje *inside information* kan het begin zijn van een nieuwe deal.'

Hij tikt op de krant die hij op schoot heeft. Er staat een foto in van het staatsbezoek van Mauricio Macri, de president van Argentinië, aan Nederland. 'Hem heb ik lang geleden leren kennen, toen hij nog voorzitter was van Boca Juniors. Hij wilde mij aanstellen als hun vertegenwoordiger in Europa. Ik ontmoette hem op zijn ranch buiten Buenos Aires. Toen ik er aankwam, waren er wat mannen aan het voetballen. Ook eentje met heel lang haar. Dat bleek bij nader inzien Mario Kempes te zijn. En die anderen kende ik ook. Dat was de rest van het Argentijnse team uit 1978. Allemaal vriendjes van Macri. Hij raadde mij toen aan een kantoor in Buenos Aires te openen, maar dat durfde ik niet aan. Heel stom, achteraf. Hij zag het helemaal zitten en wilde mijn managementfee zelfs vooruit betalen, zoveel vertrouwen had hij erin, maar ik heb het laten doodbloeden. Heel dom. Op een dag nam hij me mee uit golfen en vroeg me toen te onderzoeken of er in Nederland niet een grote bouwmaatschappij was om een nieuw vliegveld in Argentinië te bouwen. Ook daar heb ik verder geen aandacht aan besteed. Achteraf is dat een leerschool voor mij geweest. Ik was te gefocust op voetbal om me te realiseren welk aanbod me werd gedaan. Ik bedoel: ik ben intermediair. Waarom ben ik niet naar de BAM en nog een paar van die bedrijven gegaan? Waarom heb ik ze niet geholpen aan een pitch bij Macri, met de afspraak dat degene die de bouwopdracht krijgt mij een fee betaalt? Daar heb ik van geleerd. De les is: waak voor oogkleppen, waardoor je kansen mist. Houd altijd je geest open, ook als het niet over een linksback of een hangende rechterspits gaat.'

★

Wie bepaalt eigenlijk de prijs van een voetballer?

'Heel simpel: de markt. De wet van vraag en aanbod. Al worden er soms ook prijzen kunstmatig gemaakt.'

-Hoe dan?

'Bijvoorbeeld door onzinberichten de media in te slingeren. Door bij een journalist te laten lekken dat Paris Saint-Germain een bod van 40 miljoen op jouw speler heeft uitgebracht, terwijl het helemaal niet zo is. Dat is een eenvoudige manier om de markt te bespelen. Geen journalist checkt dat soort dingen. De kranten moeten vol, dus de volgende dag is het gedrukt en binnen een mum van tijd gaat het over internet. Daarmee lok je mogelijk hoge biedingen van andere clubs uit. Dat gebeurt de hele tijd.'

-Dus jij doet dat soort dingen ook?

'Nee. Ik lieg nooit in de media. Ik verzwijg weleens dingen, natuurlijk, maar liegen? Nee. Dat is het domste dat je kunt doen, liegen in de pers.'

-Weet je het allemaal zeker?

'Ja.'

★

Een dag later, op de achterbank van een glanzende Mercedes die hem tot diep onder de tribunes van Vicente Calderón afzet, zijn de plannen al iets concreter. Hij heeft vannacht nagedacht. 'Ik ga in eerste instantie kijken of er mogelijkheden zijn voor Kongolo en voor Daley Blind. En ik wil eens polsen hoe ze over Ronald Koeman denken als trainer. Gewoon, voor het idee. Je moet als manager vooruit denken. Ik zeg altijd tegen mijn spelers: voordat jij bij een nieuwe club tekent, moet ik al bezig zijn met je vertrek. Ik heb ook overwogen de naam van Henke Larsson te noemen, maar dat is misschien nog een beetje te vroeg voor hem. Want vergis je niet in Atlético hoor, dat is een grote club. We zijn niet onderweg naar FC Wageningen.'

Een halfuurtje later wandelt hij achter een secretaresse aan richting de voorzitterskamer in Vicente Calderón, waar de sporthistorie van de muren druipt. Ook in de kamer van Gil Marín is het overal voetbal waar je kijkt, afgezien van de twee foto's waarop hij knielend de rechterhand van de Paus kust. In de hoek van de kamer zit ook Andrea Berta, de technisch directeur van Atlético, een onbekende voor Rob Jansen. Er wordt vijf seconden over het weer in Nederland gesproken om het ijs te breken.

'Hoe is het weer in Nederland?'

'Een ramp.'

Daarna gaat het over voetbal en zaken. Gil Marín wil weten wie Jansen tot de grootste talenten van Nederland schaart. 'Dolberg. Maar hij zit bij een raar management. Verder: Kongolo, hoewel nu geblesseerd. En Davy Klaassen, maar ik ben bezig hem naar Everton te brengen.'

'De zoon van Kluivert?' vraagt Andrea.

'Heel goed. Ook een groot talent. Maar Dolberg is de beste. Hij heeft alleen tijd nodig.'

Daarna praten ze nog wat verder over Kongolo, over Daley Blind en de reputatie van Koeman als trainer in Spanje, over de Chinese aandeelhouder van Atlético, een man met een geschat vermogen van 33 miljard dollar, over de managers van Ajax die hij begeleidt, over Ricky van Wolfswinkel en over het nieuwe stadion. Nogmaals benadrukt Jansen dat hij de zaakwaarnemer is van de complete Ajax-top. Daarna wordt er een bouwtekening bekeken, worden visitekaartjes uitgewisseld en grapjes gemaakt en dan is de meeting weer voorbij. Er is niets besloten noch concreet geworden, maar toch is het met een zeer voldaan gevoel dat Rob Jansen even later in het zonnetje ter ontspanning over het lege veld van Calderón kuiert.

'Dit was een uitstekende meeting, wat mij betreft. Jij hebt misschien het idee dat er niets concreets is gebeurd, maar dan zijn je toch een paar dingen ontgaan. Ik heb op de eerste plaats heel veel informatie opgedaan. Ik weet bijvoorbeeld nu, als zaakwaarnemer van Ronald Koeman, wat zijn positie is op de Spaanse markt, nadat het bij Valencia niet is gelukt. Ik heb reële vraagprijzen gehoord van veel spelers in de Primera Division, waar ik als consultant van Everton weer iets mee kan. Ik heb bij Andrea, een kenner van het Europese voetbal, de bevestiging gekregen dat Terence Kongolo inderdaad het grote talent is dat ik in hem vermoed. Dat is interessant nu Feyenoord mij heeft gevraagd eens te onderzoeken of er serieuze interesse is voor die jongen. Ik heb met mijn opmerkingen een stempel gedrukt op het management van bepaalde spelers, waardoor Atlético straks misschien overweegt om een eventuele transfer op een andere manier aan te pakken dan gebruikelijk. En ik heb aangegeven dat ik controle kan krijgen over zo'n transfer. Snap je? Allemaal informatie-uitwisseling die zich later kan terugbetalen.'

Even later, in de auto op weg naar het Ritz Hotel:

'Het idee achter een trip als deze is dat als Miguel straks besluit om voor bepaalde spelers te gaan, hij mij belt met de vraag of ik eens wil onderzoeken wat de mogelijkheden zijn en dat ik op die manier een rol kan spelen in de transfer. Dat is een heel intensieve manier van werken, want dat betekent dat je een relatie moet gaan opbouwen met de mensen van Atlético, dat je Andrea om de zoveel weken moet bellen, dat je er voor moet zorgen dat er een moment komt waarop ze zeggen: *l*aat Rob dit maar afwikkelen, die zit er helemaal in. Dat is waar je op hoopt.'

*

-Met welke club kun je het best werken?

'Bayern München.'

-Waarom?

'Omdat ze het beste management ter wereld hebben: Beckenbauer, Rummenigge en Hoeness.'

-Wat maakt hen zo goed?

'Hun staat van dienst als voetballers is ongeëvenaard. Daarnaast zijn ze financieel onafhankelijk, hebben ze verstand van de materie en al een heel leven ervaring in het voetbal.'

-Helemaal onbesproken zijn ze niet.

'Uli Hoeness heeft in de gevangenis gezeten voor een belastingzaak, dat klopt. Maar ik blijf hem een fantastisch mens vinden en een geweldige clubbestuurder. En daar ben ik niet de enige in. Nadat hij zijn straf had uitgezeten werd hij met een staande ovatie weer welkom geheten bij de club. Dat zegt alles.'

-Zijn alle Duitse bestuurders zo?

'Je mag nooit generaliseren, maar over het algemeen is het in Duitsland prettig zakendoen. Mensen zijn beschaafd en vaak opvallend empathisch. Er wordt nooit gemarchandeerd en afspraken worden gewoon nagekomen. Dat geldt trouwens voor Nederland ook. Er wordt nooit met de kleine lettertjes gerommeld. Engeland is heel anders. Daar moet je oppassen.'

-Ja?

'Bij Engelsen contracten moet je wel alert blijven, want je kunt onderuit gaan. Zakendoen in de Premier League is net als het voetbal zelf: harder dan waar dan ook.'

★

Het begon ooit allemaal met Peter de Jager, keeper bij AZ'67. 'Hij belde mij in de zomervakantie op. Hij had een contractbespreking, maar hij had geen idee hoe dat werkte. De vakbond was er eigenlijk niet voor dit soort individuele zaken, maar ik ging toch met hem mee. Het was ergens op het Rembrandtplein in Amsterdam. Die jongen werkte er als barkeeper. Daar, in het achterafkamertje van een café, heb ik toen mijn eerste onderhandeling gedaan. Ik vond het gelijk leuk. Je had wel al makelaars in die tijd. De grote cowboys liepen al rond. Cor Coster, Ger Lagendijk, Ploon Konijnenburg en dat soort mensen waren al actief. Maar verder was er niemand. Je moet ook niet vergeten dat het nog in de regententijd van het voetbal was. Meestal was het zo dat je als voetballer een aanbod kreeg en daarmee was het verhaaltje eigenlijk wel klaar. Clubs stonden raar te kijken wanneer een speler met iemand anders dan zijn vader of moeder kwam aanzetten, sommige zagen het als een belediging. Maar er was iets aan het veranderen.'

Daarna volgde een ontelbare rits spelers en trainers, die, wanneer je ze achter elkaar zet, een bonte lappendeken vormt van het Nederlandse betaalde voetbal, want je kunt van Rob Jansen veel zeggen, maar niet dat hij na die eerste zakelijke bespreking in dat café heeft stilgezeten.

Hij verzorgde in de loop der jaren de transfers van onder anderen Arthur Numan, Justin Bijlow, Danny Blind, Michel Kreek, Wouter Gudde, Cedric van der Gun, Erik Israelsson, Marc Janko, Dean Gorré, Daryl Janmaat, John Karelse, Bennie Kerstens, Stef Nijland, Luc Nilis, Mario Been, Michael Akuffu, Dennis Bergkamp, Sjors Brugge, Yassine Abdellaoui, Mohammed Abubakari, Cedric Badjeck, Frans Adelaar, Arnold Bruggink, Ruud Bruns, Geert Brusselers, Edwin van Bueren, Danny Buijs, Kalusha Bwalya, Julian Calor, Tayfun Candan,

Ton du Chatinier, Robin Janmaat, Martin van Leeuwen, John van Loen, Theo Janssen, Brett Holman, Arco Jochemsen, Jaap Jong, Cephas Chimedza, Pelle Clement, Tim de Cler, Jos van Eck, Phillip Cocu, Jerry Cooke, Marco Gentile, Gilles de Bilde, Daley Blind, René van der Gijp, Jordy van Deelen, Romano Denneboom, Timothy Derijck, Paul Gladon, Igor Gluščevic, Jesper Gronkjaer, Richard Grootscholten, Jay-Roy Grot, Igor Korneev, Daphne Koster, Greg Berhalter, Daniel Bessa, Jamie Coyne, Tim Gilissen, Marco van Ginkel, Tom Daemen, Trevor David, Mario Bilate, Jürgen Dirkx, Jelle Duin, Sander Duits, Leeroy Echteld, Marciano Vink, Melvin Vissers, Remko Pasveer, Marvin Peersman, Jos van Eck, Kurt Elshot, Frank de Boer, Emmerson, Leroy Fer, Sander Fischer, Zian Flemming, Toshiya Fujita, Regi Blinker, Conner Blöte, Daniel Boateng, Frank de Boer, Kees de Boer, Mohammed Abubakari, Hans Bond, Foeke Booy, Pascal Bosschaart, René Bot, Dries Boussatta, Stanley Brard, Bas van den Brink, John van den Brom, David Nascimento, Johan Neeskens, Stef Nijland, John van 't Schip, Arnold Scholten, Alfred Schreuder, Teun de Nooijer, Arie Jonker, Dennis Haar, Mounir El Hamdaoui, Ruud Jong, Marcel de Jong, Ruben Jongkind, Wim Jonk, Pieter Collen, Ferdi Kadioglu, Gustavo Hamer, John Heitinga, Tim Hölscher, Anouk Hoogendijk, Ronald de Boer, Winston Bogarde, Remco van der Schaaf, Patrick Paauwe, Sergio Padt, Dennis Schulp, Ottar Karlsson, Dolf Kerklaan, Damon Mirani, Guyon Phillips, Fabian Phillips, Sjaak Polak, René Ponk, Cor Pot, Cees Toet, Jordy Toorenburg, Glenn

Helder, Peter Hoekstra, Kevin Hofland, Ronald Koeman jr., Robert van Koesveld, Danny Koevermans, Sebastiaan Pot, Jeffrey Prommayon, Mats van Huijgevoort, Lex Immers, Patrick Kluivert, Emil Hansson, Rick Kluyskens, Richard Knopper, Daigo Kobayashi, Ronald Koeman, Joey Konings, Teun Koopmeiners, Santi Kolk, Jordan Larsson, Erwin van de Looi, Martijn Reuser, Fernando Ricksen, Jeffrey Rijsdijk, Trent Sainsbury, Edwin van der Sar, Joe van der Sar, Stijn Schaars, Milan Kopic, Wilco Krimp, Dirk Kuyt, Martijn Kuiper, Bas Kuipers, Martin La Cruz, Roberto Lanckohr, Noa Lang, Marc Langeveld, Teun de Nooijer, Henrik Larsson, Cecilio Lopes, Roy Makaay, Josemar Makiavala, Dave van den Bergh, Mike van de Meulenhof, Richard Witschge, Rob Witschge, John de Wolf, Kamohelo Mokotjo, Ruben Hollemans, Ryan Holman, Brett Holman, Michael Mols, Bas Mooij, Marco Ospitalieri, Marc Overmars, Ron Willems, Fred Grim, Fons Groenendijk, Stef Gronsveld, Nick Marsman, Alje Schut, Jari Schuurman, Levi Schwiebbe, Gerald Sibon, Peter van Vossen, Silvester van de Water, Victor Sikora, Sonny Silooy, Bruno Silva, Silvester van de Water, Chris van der Weerden, Jan Smit, Gretha Smit, Boudewijn Zenden, Michael Zullo, Theo Zwarthoed, Arno Splinter, Maarten Stekelenburg, Romano van der Stoep, Kevin Strootman, Albert Stuivenberg, Rick Stuy van den Herik, Luis Suárez, Antti Sumiala, Raphael Supusepa, Michal Švec, Gill Swerts, Erik Tammer, Gaston Taument, Derk Schut, Kazuyuki Toda, Orlando Trustfull, Gerald Vanenburg, Joël Veltman, Dylan Vente, Sieme Zijm,

Esther Vergeer, Raymond Victoria, Cookie Voorn, Chris van der Weerden, Maikel van der Werff, Paul Verhaegh, Wesley Verhoek, Bram Nuytinck, John O'Brien, Tommy Oar, Sunday Oliseh, Jan Vennegoor of Hesselink, Raymond Victoria, Cookie Voorn, Chris van der Weerden, Maikel van der Werff, Mark Wotte, Jan Wouters, Kerem Yilmaz, Daniel de Ridder, Wim Rijsbergen, Clemens Zwijnenberg, Bert van Marwijk, Maxwell, Steve McClaren, Jeroen Merk, Reinder Hendriks, Carl Hoefkens, Mario Been, Leo Beenhakker, Vincent van den Berg, Kees van Wonderen, Cees Paauwe, Resham Sardar, Mark van Bommel, Pierre van Hooijdonk, Adam Sarota, Twan Scheepers, Bryan Roy en Bernard Schuiteman.

Naast de KNVB en alle betaalde voetbalclubs in de Nederlandse eerste divisie en Eredivisie, deed hij succesvol zaken met onder andere FC Barcelona, Club América, Anzji Machatsjkala, Sint Truiden VV, AEK Larnaca, Al Jazirah, KSK Beveren, AC Milan, Stoke City, Brisbane Roar, EN Paralimni, Aris Limassol, Zulte-Waregem, AS Cannes, Trabzonspor, Norwich City FC, Queens Park Rangers, Swansea City, Neuchâtel Xamax, FC Aarau, Chelsea FC, Wolverhampton Wanderers, Shandong Luneng, Huddersfield Town, Universitatea Cluj, Borussia Dortmund, Swansea City, Fiorentina, Fulham FC, Hertha BSC, Arsenal, Benfica, Dalian Wanda, Lommel SK, Santiago de Compostela, VFL Wolfsburg, Chemnitzer, Celtic, FC Porto, Trabzonspor, Sydney FC, FC Basel, Newcastle United, Watford, KRC Genk, Nottingham Forrest,

Fenerbahçe, FC Augsburg, Inter Milaan, Sheffield Wednesday, Aris Saloniki, PSM Makassar, Iraklis FC, Everton, Toronto, Sky Blue NY, Padua, Perugia, Liverpool, Helsingborgs IF, Manchester United, Anderlecht, Sanfrecce Hiroshima, Apoel Nicosia, Tenerife, Deportivo La Coruña, Bayern München, Glasgow Rangers, Mamelodi Sundowns, Ipswich Town, Juventus, Arsenal, Valenciennes, Borussia Mönchengladbach, AA Gent, Zenith St. Petersburg, National Team Indonesië, Foggia, Hertha BSC, JEF United, Sheffield Wednesday, 1. FC Nürnberg, Melbourne Heart, FC Dallas, Perth, Glory, Matra Racing Paris, Arminia Bielefeld, Osasuna, KV Oostende, FC Jazz, Yimpas Yozgatspor, Norrköpping, Sebatspor Kalamata, Boca Juniors, Athinaikos, AS Roma, AS Monaco, Southampton, FC Jokerit, Reutlingen, FC Vaduz, Kansas City Wizards, OFI Kreta, Rapid Wien, Júbilo Iwata, 1860 München, Hull City, Rapid Vienna, Istanbulspor, Germinal Beerschot, Grasshoppers, Derby County, Bordeaux, Alaves, Oita Trinita, AS Saint-Étienne, Al-Ittihad, Universitatea Craiova, Kasimpasa SK, Adelaide, Central Coast Mariners, Aalborg, Bristol City en Austria Lustenau.

Hoewel hij telkens zegt dat hij aan het afbouwen is, zijn er in werkelijkheid nog steeds maar weinig Nederlanders die in het voetbal zoveel petten dragen als hij. Rob Jansen is zaakwaarnemer van zo'n zestig spelers, trainers en managers. Hij was oprichter en vice-voorzitter van de IAFA (International Association of Football Agents), voorganger van de EFAA (European Football Agents Association) waarvan hij mede-oprichter en president is, en mede-oprichter en voorzitter van Pro Agent, belangenbehartiger van de spelersmakelaars. Hij is een van de founders van de Edwin van der Sar Foundation alsmede van de Dirk Kuyt Foundation. Hij is consultant van Everton en tal van andere clubs in binnen- en buitenland die hij liever geheim houdt, voormalig mede-eigenaar van ADO Den Haag en Brisbane Roar in Australië. Voorheen was hij namens de VVCS secretaris van CSR (Centrale Spelers Raad) in de algemene vergadering van de KNVB sectie betaald voetbal, bestuurslid van SABV (Stichting Arbeidszaken Betaald Voetbal), tweede secretaris van de FIFPRO (Fédération International des Footballeurs Professionnels) en vertegenwoordiger van de spelers van het Nederlands Elftal in de mede door zijn vader opgerichte Oranje Raad, het huidige Team Holland. En nog steeds breidt zijn takenpakket zich uit.

Alsof hij het nog niet druk genoeg heeft, is hij ook initiatiefnemer en voorzitter van Dutch Sports Council, een indrukwekkende groep van oud-voetbalvoorzitters die hij bijeen heeft gebracht in een denktank. Ze bieden gratis hun kennis en ervaring aan; elke club in nood die daar behoefte aan denkt te hebben kan hen raadplegen. Jansen selecteerde op deskundigheid maar ook op gezelligheid, vandaar dat er markante voetbalfiguren tussen zitten als Jorien van den Herik, Karel Aalbers, Harry van Raaij, Hans van Delft, Riemer van der Velde, Arie van Os, John van Ringelenstein en Jan Smit. 'Drieduizend jaar ervaring heb ik klaarstaan. En een netwerk waar je gek van wordt. Het enige dat we ervoor terugvragen, is een donatie van vijfduizend euro aan een goed doel. En weet je hoeveel clubs er tot nu toe gebruik van hebben gemaakt, van al die kennis die ik voor ze heb verzameld?'

Hij lacht schamper. Dan maakt hij met zijn duim en wijsvinger een rondje.

'Nul. Precies nul. Er belt helemaal niemand, zelfs niet voor een *second opinion*. Ook niet de clubs die al voor de tachtigste keer tegen het faillissement aan zitten. Het is dus allemaal een beetje op een laag pitje komen te staan, omdat iedereen in het voetbalwereldje het altijd zelf het best denkt te weten.'

Dat laatste is jammer, want de periodieke bijeenkomsten van Dutch Sports Counsils zijn niet ongezellig. Meestal wordt er eerst vergaderd onder leiding van voorzitter Jansen, bijgestaan door secretaris Jan Willem van Dop. Dan wordt er op serieuze toon een actueel probleem in de voetbalwereld besproken. Er wordt vanaf de eerste vergadering genotuleerd met als doel een handvest aan te bieden in Zeist, maar toen het trotse document eenmaal op het bondsbureau was gearriveerd, werd het weliswaar niet direct door de shredder gehaald, maar wel opgeborgen in een diepe la. Het is daar nooit serieus genomen. De mastodonten van toen, elk met hun eigen lastige karakter, waren vroeger al niet erg populair op de burelen in Zeist, en hun status is er in de loop der jaren niet op vooruitgegaan. De KNVB zit niet bepaald te springen om hun terugkeer in het wereldje.

Een van de gezelligste vergaderingen in de korte geschiedenis van het genootschap wordt op een dag gehouden in het hoge noorden, waar de hele groep is uitgenodigd door Riemer van der Velde. Er wordt eerst vergaderd en geborreld in een hotel, en daarna tot diep in de nacht verder gedronken in huize Van der Velde, want hij is niet alleen de grootste maar ongetwijfeld ook de meest gastvrije voorzitter die SC Heerenveen ooit heeft gehad. Diep in de nacht, met een laatste glas in de tuin, spraken de mannen over onderwerpen waar mannen van hun leeftijd met een laatste glas in de tuin altijd over spreken: gezondheidsproblemen en voetbal. De heer des huizes vertelde dat hij eindelijk een dokter had getroffen die hem adviseerde de dag met een fikse whisky te beginnen. Daar had hij lang naar gezocht. 'Luister,' zei Riemer van der Velde, 'ik heb allemaal klachten, behalve als ik iets gedronken heb. Dan voel ik me prima. Nou, waarom zou ik dan nog zo lang wachten met drinken? Dat is toch niet logisch?'

Het werd niet helemaal duidelijk of dit een grap was of niet.

Toen het over roken ging, sloop er al snel een nostalgisch toon in de gesprekken.

Riemer van der Velde: 'Eén sigaret in de mond, één in de hand en één in de asbak. Dan was ik echt in topvorm.'

Hans van Delft: 'Tien jaar geleden ben ik gestopt. Sigaretten rookte ik vanaf mijn dertiende jaar, waarvan de laatste vijfentwintig jaar een stuk of 65 per dag. Nu rook ik alleen nog tien sigaren per dag.'

Van den Herik: 'In de jaren zeventig vloog ik regelmatig naar het Midden-Oosten. Daar deelde de bemanning sigaren uit. En in de DC-8 had je een kaarttafel. Dan vloog je al klaverjassend en rokend van Amsterdam naar Dubai en weer terug.'

Rob Jansen: 'Niemand zeurde toen nog over gezondheid.'

De volgende morgen begint haperend. Aan het ontbijt was Arie van Os niet lekker geworden. Rob Jansen had hem bij zijn bezwete oksels gepakt, naar zijn kamer gebracht en weer op bed gelegd. Maar nu, halverwege de zondagochtend, staat het hele gezelschap dan toch in de achtertuin van Riemer van der Velde, zoals afgesproken. Daar ruikt het naar gebakken vis. Dat is elk jaar zo, rond deze tijd, wanneer er een stuk of honderd genodigden op zijn gazon naar het skûtsjesilen staan te staren, bij voorkeur met een glas Beerenburger in de hand, want dat is nu eenmaal traditie hier.

De viskraam wordt normaal gesproken bemand door Evert ten Napel, de bakkerszoon uit Klazienaveen die als jongen allergisch bleek voor meel en toen maar voetbalcommentator werd. Helaas moest hij dit jaar op het laatste moment afzeggen. 'Zijn zoon heeft knokkelkoorts opgelopen in Zuid-Thailand,' zegt Van der Velde. 'we hebben een vervanger moeten regelen.'

Het gezelschap is stiller dan gisteren. Sommigen dragen een zonnebril.

Verderop, in een hoekje bij de keuken, is Rob Jansen intussen alweer in gevecht met zijn mobiele telefoon. Het is nog vroeg op de zondagochtend, maar de eerste zakelijke bespreking met Ronald Koeman zit er alweer op. 'Het geduld van Ronald begint een beetje op te raken. De transfers komen niet door. Hij vertelt de directie constant welke spelers hij wil hebben, maar de eigenaar houdt alles tegen. Die man heeft namelijk zelf ook een netwerk, dus die gaat rondbellen. En die hoort dan drieduizend meningen van drieduizend verschillende mensen met drieduizend verschillende belangen over de prijs en de kwaliteit van de speler en dan slaat zo'n man aan het twijfelen. Dat is nu het probleem met die superrijke eigenaren. Ze zijn niet meer vatbaar voor adviezen. Ga jij maar tegen een miljardair zeggen dat-ie iets niet goed doet. Dat gaat niet werken. Die mensen zijn allang niet meer gewend te worden tegengesproken. Ze leven in een andere wereld. De beste vriend van Farhad is Alisher Usmanov, goed voor 15 miljard dollar en mede-eigenaar van Arsenal. Toen hij een paar jaar terug met zijn schip in Antibes wilde gaan liggen, kon dat niet omdat de haven te klein was. Toen heeft-ie maar voor tien miljoen zijn eigen aanlegsteiger laten bouwen. Ik bedoel maar: over dat soort rijkdom hebben we het. Daar moet je mee om kunnen gaan en dat is niet makkelijk. Mijn fout is vaak dat ik dan heel omstandig ga verklaren dat ze mij moeten geloven, dat ik echt wel weet hoe het moet. Dan sluipt er ongewild ook een soort arrogantie in mijn stem die averechts werkt. Ik pretendeer dan veel meer van de materie te weten dan wie dan ook en ik geloof dat ik daarbij ook wel gedrag ga vertonen dat mensen afstoot. Ik weet dat inmiddels van mezelf, maar kan het toch niet altijd voorkomen. Een vervelende eigenschap. Vooral in het bijzijn van miljardairs. Die kijken mij dan aan met een blik van: wie denk je dat je bent, Jansen?'

Eigenlijk zou hij nu bij zijn gezin op Cap d'Antibes zijn. Maar werk ging weer eens voor. 'Ik zou het rustig aan doen, inderdaad. Maar ja, dit soort dingen zijn te mooi om te laten schieten. In korte tijd proberen Everton klaar te krijgen voor de Premier League, dat vind ik wel een spannend avontuur. Daar geniet ik nog steeds van. En die rust, die komt dan later maar. Dit zijn juist de leukste klussen. Ik zeg altijd: hoe meer stress, hoe beter.'

Even later kan hij alweer worden waargenomen in het gezelschap van de oud-voorzitters, waar hij als vanouds het hoogste woord heeft. Wat opvalt is hoe close Rob Jansen met al deze mensen is. Hij behoort nog steeds bij veel toonaangevende mensen in het voetbal tot de *inner circle*. Jorien van den Herik staat niet bepaald bekend als een allemansvriend, toch kan hij zowel in Nederland als in Zuid-Frankrijk regelmatig in zijn gezelschap worden aangetroffen. Maar ook aan de Friese keukentafel van Riemer en Annie van der Velde weet hij precies welke toon hij moet aanslaan, of op de Brabantse verjaardag van Harry van Raaij. Hij stelt mensen op een natuurlijke wijze snel op hun gemak en hij gebruikt zijn gevoel voor humor om het ijs te breken. Wanneer hij nieuwe mensen ontmoet maakt hij zo snel mogelijk een grapje, een beetje zoals een cabaretier aan het begin van een voorstelling zijn publiek aftast. Zodra er wordt gelachen – en dat is negen van de tien keer het geval – dan weet Jansen dat hij goed zit. Van alle mensen met wie hij verspreid over de continenten omgaat, heeft hij de meeste moeite met exemplaren zonder gevoel voor humor. Ed Woodward, de nogal formele directeur van Manchester United, is daar een voorbeeld van.

'Ik word doodziek van die tussenzinnetjes van jou,' zei KNVB-bobo Jean Paul Decossaux een keer halverwege een bespreking tegen hem en inderdaad is hij er goed in om tussen de regels in te praten. Hij doet dat door snelle, vaak relativerende tussenzinnetjes, die vrijwel altijd van een spottende ondertoon worden voorzien. Jansen is ook een van die mensen die in een gezelschap dusdanig kunnen praten dat alleen degene die het mág horen hem kan volgen, en degene over wie het gaat niet. Hij kan een verouderde bestuurskamer met doorgezakt meubilair binnenkomen, de voorzitter lachend een hand geven en dan op precies het juiste volume mompelen: 'Zo, lekker behangetje. Staat ook goed bij de nieuwe bank.'

Het was op een van die avonden, 's avonds laat in de achtertuin van Riemer van der Velde in Friesland, dat voormalig Ajax-bestuurder Arie van Os nog eens bevestigde hoe close de relatie met een zaakwaarnemer soms is, toen hij vertelde over een van de vele bijrollen die Rob Jansen heeft gespeeld in de geschiedenis van zijn club.

Arie van Os: 'Eind jaren tachtig stond Ajax er financieel slecht voor. We waren onder curatele geplaatst bij de bank. Er moest snel iemand voor veel geld worden verkocht. Richard Witschge leek daarvoor de aangewezen speler, voor hem bestond de meeste belangstelling. Maar hij had een afkoopsom van 4,5 miljoen in zijn contract staan, terwijl ik wist dat hij veel meer waard was. Toen ben ik naar de ABN AMRO gegaan en heb gezegd: "Ik wil alle contracten van de grote spelers openbreken en opwaarderen. Te beginnen met Witschge. En jullie moeten dat financieren. Maar in ruil daarvoor schrap ik wel gelijk alle gelimiteerde transfersommen. Daar wil ik vanaf. Dat kost nu geld, maar geloof me: het gaat straks een meervoud opleveren. En ik wil zakendoen met één huismakelaar, iemand die te vertrouwen is." Dat werd Rob Jansen. Kort nadat de bank toestemming had gegeven werd Johan Cruijff trainer van Barcelona. Hij kende Witschge natuurlijk en was gecharmeerd van hem. Rob bracht de partijen bij elkaar en maakte de deal rond en uiteindelijk werd er voor Witschge 8,5 miljoen gulden betaald in plaats van de 4,5 miljoen die in zijn oude contract stond. Dat was echt de redding van Ajax. Even later kon ik een sponsorcontract met de ABN AMRO realiseren en toen was de club er echt bovenop. Ik kan me nog herinneren dat ik tegen Michael van Praag zei: "Nu kan Ajax niet meer kapot gaan." Dat was het begin van het succes, de opmaat naar de latere Champions League winst in 1995. En Rob heeft daar een grote bijdrage aan gehad.'

*

-Van Os vertelde dat wanneer jij namens een speler kwam onderhandelen, jullie de zaak al telefonisch hadden voorbereid.

'Dat is een tikje overdreven. Hij belde me wel en gaf dan inderdaad de parameters aan voor het gesprek dat we zouden hebben, maar dat betekent niet dat ik die altijd volgde. Alles gebeurde juist altijd in alle openheid en in het bijzijn van de speler zelf. Ik ben een van de weinige agenten die de speler er ook bij laat blijven wanneer er met de club over mijn fee wordt onderhandeld. Met name in het buitenland begrijpen ze daar weinig van en is het heel ongebruikelijk. Maar ik vind het prettig, die transparantie.'

-Maar bereidden Van Os en jij de bespreking nu wel of niet samen voor?

'Nee, dat is overdreven. Hij belde wel van tevoren. "Wat ga je morgen nou doen, Rob?" "Onderhandelen", zei ik dan. En hij: "Luister, ik ga niet verder dan dat-en-dat bedrag, dan weet je het vast." En dat was ook altijd zo, want Arie loog nooit. Als hij iets zei, kon je ervan op aan. Hij speelde geen *game* met je, wat je bijvoorbeeld wel in Zuid-Europa meemaakt. Daar wordt een spel gespeeld rond een transfer. In het begin een beetje vermoeiend, maar op een gegeven moment ga je het wel leren. Maar Arie, dat was altijd prettig onderhandelen: *dit is het, en anders is het klaar.*'

-En zijn tegenhanger in die tijd, Van den Herik?

'Jorien van den Herik was veel meer een *gameplayer*, en

altijd *in charge*. Hij vond het ook wel leuk om te onderhandelen. Arie eigenlijk niet. Ze waren allebei wel heel goed in hun vak. Het was een andere eeuw, de tijd van de lease-auto voor spelers en de benzinepasjes die dan massaal werden uitgeleend aan familieleden. Voetballers die tonnen verdienden, gingen frauderen om een paar tientjes met tanken. Bonnetjes die niet meer klopten, omdat ze de ene week diesel tankten en de volgende week euro loodvrij. Jongens die volgens de administratie bij de benzinepomp waren geweest op een moment dat ze in werkelijkheid op het trainingsveld stonden. Dat soort dingen. En Jorien was dan zo iemand die zelf naar de speler toe ging.

"Zeg, heb jij vorige week woensdag gevlogen?"

"Nee, voorzitter," zei die speler dan.

"O, maar waarom ben je dan drie keer op Schiphol geweest om te tanken?"'

★

'Je bent te laat!'

Staand in haar eigen deuropening begint Esther driftig te wenken.

'Kom snel zitten, het is al begonnen!'

Zelf holt ze alvast terug richting tv-kamer, waar de heer des huizes – turquoise sportschoenen, geen sokken, zwarte joggingbroek, wit shirt, nog niet geschoren – met open mond naar de televisie kijkt. De Jansens zijn zeer gastvrij van aard.

Esther zit altijd vol ideeën en betrekt daar het liefst zo veel mogelijk anderen bij. En Rob weet sowieso niet beter dan dat het huis gevuld is met mensen – ook bij hem thuis vroeger. Hij groeide op in een huiskamer die ook dienst deed als kantoor, waardoor het weleens voorkwam dat de halve achterhoede van ADO al op de bank zat om met zijn vader te praten, wanneer Rob nog in zijn pyjama naar beneden kwam. Later troffen zijn broer Karel en hij er met grote regelmatig mannen als Louis van Gaal aan, destijds een activistische onderwijzer die op semi-professionele basis over het middenveld van Sparta paradeerde, of de al even bevlogen jonge doelman Hans van Breukelen.

Diezelfde Van Breukelen is dik dertig jaar later op het scherm bezig aan wat nu al een legendarische persconferentie is: de presentatie van Dick Advocaat als nieuwe bondscoach van Oranje. Het is een oneindig lange Babylonische spraakverwarring tussen de technisch directeur en de sportpers, waarin, om het eufemistisch uit te drukken, nogal wat *alternative facts* en *fake news* worden gepresenteerd. Om niet te zeggen dat er keihard wordt gelogen.

Jansen zit thuis met stijgende verbazing te kijken naar iets dat veel weg heeft van *Koefnoen*, maar toch echt de realiteit is. 'Ik vind Hans een lieve man, ik heb een zwak voor Hans,' zal hij deze middag een paar keer zeggen. En: 'Er zit geen kwaad in hem. Ik ken hem nog van heel vroeger. Het probleem met Hans is alleen dat hij soms uitspraken en beloftes doet die hij zich een dag later niet, of heel anders, herinnert.

Het is dus niet helemaal liegen wat hij doet, want ik denk dat Hans in zijn geest wel de waarheid spreekt.'

Het zijn vriendelijke, typische Rob Jansen woorden. Zijn opvoeding heeft ervoor gezorgd dat hij zijn leven lang een zwak houdt voor idealisten in het voetbal. Maar thuis op de bank doet hij nu wel zo ongeveer om de drie minuten zijn handen voor zijn ogen. Ook begraaft hij zijn complete hoofd een keer tussen zijn knieën en blijft een tijdje zo zitten. Praten doet hij, geheel tegen zijn gewoonte in, bijna niet, op een enkele losse opmerking na. 'Ongelooflijk,' zegt hij dan richting het scherm, of: 'helemaal niet waar'. De rest van de tijd kijkt hij geconcentreerd naar de gebeurtenissen op tv. Tot Jean Paul Decossaux het woord neemt en tegen de pers zegt: 'Hier werd net gesuggereerd dat Advocaat niet gesolliciteerd had, maar wij zijn wel degelijk benaderd via iemand met de mededeling dat Advocaat zich beschikbaar stelde.'

Dan begint Rob Jansen thuis op de driezitter te lachen.

'Dat klopt,' zegt hij, 'dat was ik.'

Als de KNVB-show in Zeist even later voorbij is, zet hij de televisie uit, leunt achterover in de bank en onthult dan op geheel eigen wijze zijn rol op de achtergrond bij de schermutselingen in Zeist en Istanbul.

'Het hele toneelstukje begon op de dag dat Danny Blind werd ontslagen als bondscoach. Een beslissing die overigens werd genomen in één nacht. En het zal mij niet verbazen als de hotelbar daar een rol in speelde. Sponsors met een fles whisky en een mening: ik weet hoe dat gaat bij het Nederlands Elftal. Levensgevaarlijk. Hoe dan ook: Danny belde mij op. "Rob, de kogel is door de kerk, ik zit nu in het Hilton en ik moet naar Decossaux." Ik wilde mee, maar dat was volgens Danny niet nodig. Ik heb de financiële afwikkeling van zijn contract per telefoon gedaan. Achteraf gaf Danny toe dat dit een inschattingsfout was. Ik had wel mee moeten gaan, dan was hij misschien nu nog bondscoach geweest. Je weet het nooit zeker, maar ik denk dat ik de boel misschien nog had kunnen redden voor hem. Ik kan wel vaak iets op het laatste moment nog de andere kant op laten kantelen, daar ben ik goed in. Mijn argument richting de KNVB zou in dit geval zijn geweest: "Je kunt Blind wel ontslaan, maar jullie hebben nog helemaal niet bedacht wat je hierna gaat doen. Jullie gaan nu handelen, terwijl je juist tijd moet creëren om te kúnnen handelen. Je gaat nu opportuun ontslaan, omdat het volk om bloed vraagt, maar je moet juist tijd winnen."

De KNVB ging toch voor het ontslag en begon daarna een rondje te bellen in het betaalde voetbal. Trainers, technisch directeuren, Van Gaal, zelfs spelers. Best vreemd, want een topman binnen de bond zou moeten weten wat er speelt in de voetbalwereld, ook zonder te bellen. Als het goed is, weet die hoe de stemming binnen Oranje is. En als de KNVB zelf niet weet welke bondscoach het best bij Oranje past, waarom zou de technisch directeur van Feyenoord of AZ dat dan wel weten? Ik vind: je gaat niet als KNVB naar München en Istanbul vliegen om met spelers te praten. Maar als je dat toch doet, denk dan in elk geval na over met wie je praat.

Want de voetbalwereld bestaat uit lijntjes en die lijntjes moet je kennen. Wesley Sneijder heeft een belang in een trainer waarvan hij zeker weet dat-ie hem opstelt, want hij wil een bepaald aantal interlands halen. Sneijder kent Henk ten Cate goed van Ibiza. Dat is dus een combine. Dat zegt niet dat Ten Cate geen goede bondscoach zou zijn, helemaal niet, maar je moet het wel weten. En je kunt wel naar Robben gaan, maar dat is een aanvoerder die altijd in de ik-vorm denkt en niet in de wij-vorm. Dat is geen veroordeling, maar gewoon een feit. Bovendien stopt hij ermee. Dus wat heeft het eigenlijk nog voor zin om met hem over de toekomst van Oranje te spreken? Daarna werd het een puinhoop. Jean Paul Decossaux zei een keer tegen mij, zoals-ie dat tegen zoveel mensen heeft gezegd: "Rob, als je wilt meedenken, dan graag." Dus dat deed ik, hoewel ik zelf als KNVB met veel minder mensen zou praten. Wel met Van Gaal, sowieso. Het voordeel daarvan is dat hij geen connecties met de pers heeft. Via hem lekt nooit iets uit, want hij is een van de weinige trainers die niet met journalisten praat. Nu lekte alles gelijk uit.'

De telefoon gaat.

Op het KNVB sportcentrum is de persconferentie zojuist beëindigd. Jack van Gelder belt vanuit Zeist.

'Die laat ik eventjes gaan, als jij het niet erg vindt,' zegt Jansen. 'Ik bel Jack zo terug.'

'In eerste instantie lag de voorkeur van de KNVB bij een buitenlander als bondscoach, maar dat liep al snel mis. Toen gingen ze de bekende lijst af en kwamen ze uiteindelijk ook bij Ronald Koeman terecht. Zo kwam ik als zaakwaarnemer van Ronald weer in contact met de KNVB. Ik heb toen tegen Decossaux gezegd: "Er zijn volgens mij twee trajecten. Óf een oude rot om de klus te klaren, waarbij die rücksichtslos het mes mag zetten in de huidige selectie, en daarna een veertiger à la Phillip Cocu of Frank de Boer, die je de tijd en het krediet geeft om richting het EK te werken en een heel nieuw elftal op te bouwen. Óf direct afscheid nemen van de vedettes en er gelijk een jonge vent voor zetten." Een beetje zoals in Frankrijk is gegaan. Cantona, de grote ster eruit zetten, en dan met jonkies Europees kampioen worden.'

'Heel lang heb ik me nergens mee bemoeid. Ik las de krant erover, meer niet. Maar op een gegeven moment werd er een buitenlandse trainer voorgesteld. Toen heb ik de telefoon gepakt en Decossaux gebeld. Of hij ooit aan Dick Advocaat had gedacht. In eerste instantie was hij wat huiverig, vanwege het verleden. Toen heb ik gezegd: "Hou nou eens op met zeuren over dat weglopen van Dick. Hij kan de klus klaren voor je. Wees blij dat hij het nog wil doen. Zoveel goede alternatieven heb je niet."

Dick wist trouwens nergens van, op dat moment. Ik had hem niet geïnformeerd. En het leek ook niets te worden, want Decossaux zei dat-ie binnen een ander en veel jonger profiel zocht. Oké, dat is zijn goed recht. En daarna heb ik Advocaat ingelicht over het gesprek. Hij reageerde laconiek.'

'Een week later verscheen er een artikel in het *AD*, met

daarin een lofzang op Dick. Hij werd aangedragen als de ideale bondscoach. Een dag daarna werd ik gebeld door Van Breukelen. "Dat heb je handig opgestart in het *AD,*" zei hij. Maar ik had er niets mee te maken, met dat artikel. Van Breukelen was kennelijk op een idee gebracht, want hij liet weten dat hij met Dick en mij wilde praten. Ik heb toen aan Dick gevraagd of hij daartoe bereid was en hij zei ja. En binnen dat proces heeft Van Breukelen wel degelijk gezegd dat Dick in zijn ogen eerste keus was. Eerst tegen mij en later ook tegen Advocaat zelf, toen Hans in Istanbul op bezoek was. Pas vlak voor die trip vertelde hij trouwens dat hij ook nog naar Abu Dhabi ging om Henk ten Cate te polsen. We voelden gelijk dat er voor hem twee keuzes waren. Was Dick nu wel of niet eerste keus? Ik heb het Van Breukelen gevraagd en hij zei van wel. Toen kwam hij met het verhaal aan dat hij in koppels denkt. Henk ten Cate en Fred Rutten, en Advocaat en Gullit. Maar dat is helemaal niet waar, want Dick Advocaat is degene die heeft aangegeven Ruud Gullit er graag bij te hebben.'

Weer telefoon. Dick Advocaat belt. Hij heeft in Istanbul ook zitten kijken. De toon van Jansen is al snel sussend van aard.

"Welnee Dick, er is niets aan de hand, laat die journalisten lekker gaan, man... Daarom, maak je geen zorgen... Nee, je hebt helemaal niet gesolliciteerd – dat heb ik gedaan... Maar maak je niet te druk, er wordt je niets gevraagd... Als ze bellen, zeg je gewoon: ik heb zeer zeker niet zelf gesolli-

citeerd, misschien heeft Rob contact gehad. En dan verwijs je ze naar mij.... Vind ik niet erg... Nee, maak je niet druk Dick... Het beste wat je nu doet is: niks... Nee, nul reactie. Gewoon gaan werken... Dit komt uit Ten Cate's hoek. Dat is duidelijk te zien. Maar dat hoef ik jou niet uit te leggen, je bent gepokt en gemazeld, kom op."

Hij hangt zuchtend en blazend op.

'Waar was ik? O ja, de contractbesprekingen met de KNVB waren op mijn kantoor. Hans begon over de persconferentie die er moest komen en wat Dick zou zeggen als de journalisten vervelende vragen gingen stellen. Ik heb toen gezegd dat als ze Advocaat vragen of Van Breukelen hem heeft toegezegd dat hij eerste keus was, dat hij dan ja zegt. En ik ook. Want ik ga niet liegen tegen journalisten, daar heb ik geen zin in. Bovendien: dat komt altijd uit en dan ben ik onbetrouwbaar. "Ja, maar ik heb het niet gezegd," zei Hans weer. Toen zei ik: "Lieve Hans, je hebt het wél gezegd. En heb je dan niks geleerd over de media in je leven?" Dick zei ook: "Hans, vertel nou gewoon de waarheid."

Ik heb wel met Hans te doen, meen ik echt. Het is alleen opzienbarend dat hij er volledig van overtuigd is dat hij bepaalde dingen niet heeft gezegd, ook al bevestigen alle betrokkenen dat het wel zo is. Het is dus geen liegen, maar een verschil van perceptie, al zijn de gevolgen hetzelfde. Dat heb ik hem ook voorspeld. "Oké Hans, dan moet je het zelf weten. Je roept ellende over je af jongen. Want als je Ten

Cate tegen je krijgt heb je een tegenstander die jij nog nooit hebt meegemaakt in je leven. Dat is een straatvechter. Die accepteert dit niet. Die slaat terug."

Decossaux zei daarnet op de persconferentie dat hij vanaf het begin de contractbesprekingen deed, maar dat is niet waar. Dat deed Hans. Voor mij is het gesneden koek, zoiets. Ik doe dit al meer dan dertig jaar. Ik weet waar de valkuilen zitten. Bij mensen zoals Hans herhaal ik gedurende de onderhandelingen daarom bewust heel vaak wat we hebben afgesproken. Ik mail niet, dat kan ik niet, dus er staat niets op papier, maar ik bevestig wel constant mondeling onze onderlinge afspraken. Hans en ik kwamen uiteindelijk in het slotgesprek terecht. Hij herhaalt nog even alles wat we hebben afgesproken. Maar de helft ontbreekt.

"Ja," zeg ik, "en ook nog dit-en-dat-en-dat."

"Nee," zegt Hans, "dat is all-in."

Ik: "Nee, dat is helemaal niet all-in en dat hebben we ook niet afgesproken."

Hij: "Ja maar, dit is mijn budget. Meer heb ik niet."

Ik: "Ja, maar we hebben al een akkoord."

Hij: "Dan hebben we een probleem."

Ik: "Ja, dan hebben we zeker een probleem."

"Dan gaat het niet door," zegt Hans.

Ik zeg: "Nou, dan gaat het toch niet door? Toedeledokie en veel succes met het vinden van een nieuwe bondscoach."

Dus hij wordt boos op mij en ik ook een beetje op hem. En op een gegeven moment zegt hij: "Ik stap eruit, doe de onderhandeling maar met Jean Paul Decossaux." Decossaux is een mega slimme marketing-man, iemand die mensen kan sturen en bespelen. Die stelde voor om snel bij elkaar te komen om dit op te lossen. Hij kwam naar mijn kantoor en toen zijn we opnieuw begonnen. We waren er redelijk snel uit en gaven het verder aan de advocaten om het op papier te zetten. Dat is altijd een heel gedoe waarbij je heel scherp moet zijn, want advocaten proberen alle details zo te omschrijven dat ze in hun voordeel zijn. Dit gebeurde allemaal in het afgelopen weekend.'

Hij buigt voorover, naar de bijzettafel. Even een slokje water.

'Nou, gisteren loop ik op de Denneweg in Den Haag, ik had een afspraak in Des Indes, krijg ik plotseling een verontrustend bericht van Jean Paul dat er toch problemen zijn. Ging over een collectieve commerciële regeling rond Oranje, waar wij wat aanpassingen op hadden. Dus ik bel hem op.

"Jij hebt alle commerciële verplichting eruit gehaald," zegt hij, "en er vijf nieuwe voor in de plaats gezet."

Ik zeg: "Ja, dat zijn we overeengekomen."

Hij zegt: "Die vijf punten die je noemt zijn extra verplichtingen van de bondscoach."

Ik zeg: "Nee, die zijn in plaats van. Die andere dingen vallen weg. Jij zegt: het is de collectieve afspraak plus de vijf punten. Ik zeg: nee, de collectieve afspraak wordt geschrapt en dit is het: vijf punten waar de bondscoach aan voldoet en meer niet." We hebben het hier over signeersessies bij de hoofdsponsor, deelname aan een voetbalclinic met relaties en dat soort zaken.

Decossaux zegt: "Dan hebben we dus een dealbreaker."

Ik zeg: "Dat kun je wel zeggen." En voor de tweede keer hoor ik mezelf tegen iemand van de KNVB zeggen: "Veel succes met het zoeken naar een nieuwe bondscoach en tot ziens."

Toen kwamen we weer even tegenover elkaar te staan, als twee haantjes. Hij noemde mij klootzak en ik noemde hem eikel en zo ging het even hard tegen hard. Maar gelukkig kunnen we dat allebei wel hebben van elkaar.

Ik zei: "Als ik nu met dit terug moet naar Dick, die sowieso al helemaal klaar is met deze onderhandeling, dan sta ik voor lul. Heb ik geen zin in. En waar zijn jullie eigenlijk mee bezig? Je maakt je druk om de aanwezigheid van de bondscoach op de fandag, maar als Dick deze klus niet oppakt, plaatst Oranje zich helemaal nergens voor en dan komt er helemaal geen fandag."

Dus ik Dick bellen in Istanbul. Die ging helemaal uit zijn plaat. "Ik heb toch aan Hans aangegeven wat ik wel en niet wil?" zei-ie. "Wat is het met deze mensen? Weet je wat? Zeg het maar af. Ik heb het helemaal gehad met dit gezeik." Dat was gisteren, om half drie. Op dat moment hadden we dus eigenlijk geen nieuwe bondscoach meer, want Dick weigerde verder te gaan. Gelukkig heb ik hem kunnen ompraten. "Laat mij dit oplossen," zei ik, "geef me nog één kans om de plooien glad te strijken." Dat heb ik uiteindelijk ook gedaan. Ik ben weer met Decossaux gaan bellen, heb een paar aanpassingen in het contract gedaan, gedekt door wat *gentleman's agreements* tussen ons, en toen was het voor elkaar. Gisteravond om half tien hadden we een akkoord. En vandaag is dus de persconferentie. Iedereen heeft met vuur gespeeld en het is gelukkig goed gekomen, maar als Dick of ik voet bij stuk hadden gehouden, viel er vandaag helemaal niets te presenteren in Zeist.'

Hij vouwt zijn handen achter zijn hoofd, blaast even uit en schudt voor de laatste maal deze ochtend zijn hoofd.

'Nou ja, dat hebben we ook weer gehad.'

Je merkt aan hem dat dit soort akkefietjes *business as usual* voor hem is. Jansen is met zijn hoofd alweer met heel andere dingen bezig. Er loopt nog een tweede rechtszaak van FC Twente bijvoorbeeld, die veel van zijn aandacht vraagt en waarbij een van de thema's is dat Twente er bezwaar tegen maakt dat Jansen geen mails heeft om te bewijzen dat hij voor zijn consultant fee daadwerkelijk diensten heeft verleend. En dan is hij ook nog gestopt met roken. Niet voor de eerste keer trouwens.

'Ik denk dat ik het deze keer ga volhouden. Ik heb er een truc voor. Als ik de neiging krijg er een op te steken, kijk ik naar Nina, of naar een foto van Nina. En dan bedenk ik me dat dat meisje een gezonde vader nodig heeft. Dat helpt. En nu ga ik douchen en mijn koffer pakken, want ik moet voor een meeting naar Londen.'

★

-Over de wereld waarin jij je beweegt, zeg je: buitenstaanders hebben geen idee.

'Ik zeg: het is complexer dan je misschien zou denken. Neem alleen al de vraag: wie is eigenlijk de echte zaakwaarnemer van een speler? Denk je dat je dat op internet vindt? Echt niet. Je moet soms ingevoerd zijn om te weten dat het uiteindelijk de broer van de speler is die bepaalt. En om te weten wie wie is wanneer er zich plotseling vier zaakwaarnemers tegelijk melden, allemaal met een door de speler getekende volmacht om te onderhandelen.'

-Gebeurt dat vaak?

'Heel vaak. Ik merk dat wanneer ik als consultant voor een club werk. Zodra uitlekt dat wij geïnteresseerd zijn in een bepaalde speler, heb ik binnen 24 uur een volmacht binnen van een agent die zegt: ik behartig de belangen van die speler, mocht je toevallig geïnteresseerd zijn. En dan heb je het alleen nog maar over de volmachten die spelers afgeven. Er zijn ook zaakwaarnemers die weer een volmacht afgeven aan een andere zaakwaarnemer. Vaak een kleine agent, die de expertise van een grote agent nodig heeft in het buitenland. Ik heb weleens meegemaakt dat ik eerst moest praten met gevolmachtigde één, toen met gevolmachtigde twee en daarna nog met twee broers, voordat ik uiteindelijk tegenover de speler zelf zat. Die bleek dan vaak van niets te weten en moet toch binnen 24 uur beslissen. "Waarom moet het zo snel?" vraag ik die speler dan, en dan komt naar voren dat hij niet wist dat er achter zijn rug om al drie weken over zijn toekomst was onderhandeld. Hij werd belazerd door de mannen met de volmachten en door zijn broers, die vooral met hun eigen belang bezig waren. Daarom zijn er mensen zoals ik. Om dit soort dingen te voorkomen. Weet je hoe vaak clubs met de verkeerde zaakwaarnemers praten?'

-Nee.

'Nou, heel vaak. Dat komt ook doordat veel zaakwaarnemers met clubs praten zonder dat de speler daarbij is. In Engeland is het bijvoorbeeld heel ongebruikelijk om je speler mee te nemen aan de onderhandelingstafel. Maar ik doe dat altijd. Ben ik heel principieel in. Spelers moeten weten wat er aan de hand is en moeten ook weten wat mijn fee is. Maar bij de meeste agenten is het anders en heeft de speler geen idee van wat er allemaal gebeurt.'

*

Een paar dagen later. 'Nou, het speelkwartier is over,' zegt Rob Jansen, wanneer hij als een wervelwind zijn kantoor binnenkomt. 'Maak je borst maar nat.' Het is woensdagmiddag. Na een weifelend begin is de transfermarkt eindelijk in beweging gekomen. Hij heeft het hele weekend aan de telefoon gezeten met Tsjechen van Spartak Praag. Tussendoor begeleidde hij de transfer van Mario Been naar APOEL Nicosia. Het heeft hem scherper gemaakt, nog sneller dan normaal, maar ook minder ontspannen. Hij is sneller geïrriteerd en maakt ook een stuk minder grapjes dan anders.

De eerste die dat deze morgen merkt is de jonge medewerker die verantwoordelijk is voor de social media-tak van het bedrijf. Er moest zondagmiddag, toen het dertig graden was, iets worden aangepast in een internetbericht over Mario Been, waarin vol trots werd aangekondigd dat de ex-hulptrainer van Fenerbahçe nu hoofdtrainer op Cyprus was. Maar de jongen lag op het strand en nam een tijdje zijn telefoon niet op. Daarom wijst Rob Jansen nu met een vinger in zijn richting en zegt: 'Ik ben niet blij met jou. Luister vriend, je moet wel scherp zijn. Dit kan één keer, maar dit kan geen twee keer. Kijk, ik maak er nu geen halszaak van, maar dat is omdat het nog geen hoogseizoen is. Als je me dit flikt in het hoogseizoen heb je een probleem met mij. Want nu is het één transfer, maar straks heb ik er zes per dag. Dus: je hebt die telefoon bij je, je zorgt dat je bereikbaar bent, waar je ook zit. Zeven dagen per week, 24 uur per dag. *C'est la vie.* Ik werk ook het hele weekend door. Ik kom van diners en zit dan nog tot half twaalf te werken. Is niet erg, maar dan moet jij dat ook doen. Ja? Oké. Klaar.'

Daarna beent hij de deur uit richting een van de vergaderzalen van het Hilton Hotel voor het wekelijkse agenten-overleg. 'Kom op, we hebben een afspraak in Parnassia,' zegt hij, doelend op de psychiatrische zorginstelling, want altijd is er die cynische ondertoon om te onderstrepen dat hij zelf ook heus wel weet in welk krankzinnig circus hij eigenlijk meespeelt.

Zijn gemoedstoestand is ook af te lezen aan de opmerkingen die hij gedurende de vergadering maakt. Ze worden vaak mompelend uitgesproken, waardoor het lijkt of hij ze eerder voor zichzelf maakt dan voor een ander. Hij lacht er vaak ook zelf om. Als het moet is Rob Jansen zijn eigen publiek.

De vergadering wordt bijgewoond door zoon Michael, broer Karel, Dick Tuit en Chiel Dekker, en aan het hoekje van de tafel zit Joost Ebergen, voormalig speler van NEC die sinds kort tot de Wasserman-familie is toegetreden en in wie Jansen wel toekomst ziet. Iedereen lepelt op waar hij mee bezig is. De een spreekt morgen met Jay-Roy Grot over diens toekomst, de ander vliegt naar Engeland om met Brentford te praten over de mogelijk transfer van Maikel van der Werff.

Rob Jansen stuurt bij, vuurt aan en remt af. Hij is de man van de grote lijnen. Veel van zijn opmerkingen maakt hij op gevoel. Als hij hoort dat Fiorentina interesse heeft in Alireza Jahanbakhsh en dat daarover in Italië zal worden gesproken met een man genaamd Carlos Freitas, schieten zijn wenkbrauwen als vanzelf omhoog. 'Freitas? Volgens mij is hij de hoofdscout. Ik zou mijn kaarten er niet op durven zetten dat je met de directie zaken doet wanneer je met hém spreekt. Check eerst zijn rol voordat je in het vliegtuig naar Italië stapt. Voor hetzelfde geld zit je met de tuinman te praten.'

Een afspraak met voorzitter Corvino om te praten over NEC-speler Jay-Roy Grot, daar is hij al geruster op. Die kent hij. 'Oké, ga er maar heen,' zegt hij tegen Joost en Michael. 'Ga maar uitvinden hoe Fiorentina tegenwoordig in elkaar zit, wat de structuren zijn. Maar laat alles lopen via Gianni, onze Italiaanse contactman daar. Hij mag niet gepasseerd worden, we hebben hem straks nodig bij andere, grotere transfers. Ik wil absoluut geen oorlog in de agentenwereld, daar ben ik te oud voor geworden. Vlieg er maar naartoe, ga maar kennis tanken.'

Wanneer de vergadering wordt hervat, gaat het over Jahanbakhsh en Weghorst en Watford en Brentford en NEC en VVV en dan is het geduld van Rob Jansen opeens op.

'Jongens, schei eens uit met dat gezeur over NEC. Wat moet ik daarmee? NEC heeft geen euro in kas. Wat zitten wij ons dan druk te maken? We moeten niet gaan zitten wachten tot Helmond Sport een keer belt voor een nieuwe rechtsback, want dan kunnen we de winkel hier wel sluiten. We moeten zelf initiatief nemen, zelf met oplossingen komen. Wees creatief. Kijk verder dan Nederland, kijk verder dan de spelers in je eigen telefoon. Je moet groot denken, niet klein. Waarom kan niemand mij vertellen wat er met Bas Dost aan de hand is bij Sporting Lissabon? Ik lees in de kranten dat hij misschien wel weg wil. Waarom is niemand daar mee bezig? Waarom hebben wij niet allang een rijtje met tien nieuwe spitsen voor Sporting? En desnoods drie mooie clubs waar Bas Dost naartoe kan? Wie hebben wij überhaupt bij Sporting zitten die ons kan informeren over wat er aan de hand is met Dost?'

Er wordt een naam van een Portugese contactpersoon genoemd. Gelijk begint Jansen met zijn hoofd te schudden.

'Hij is verbonden aan een makelaarskantoor. Die gaat

jou niks vertellen. En als hij je wel iets vertelt is het onzin. We moeten weten welke directeur of president de beslissing neemt en die moeten we spreken, want dat is de enige die het je gaat vertellen. Door alle andere bronnen word je uitgespeeld, geloof mij maar. Ik heb al zo vaak gezegd: we moeten alleen mensen bellen die we kennen, van wie we weten dat ze betrouwbaar zijn. We moeten uit eerste hand weten hoe het zit. Voor hetzelfde geld zeggen ze: Dost is allang verkocht. En daar wil jij dan twee weken van je tijd in investeren?'

Hij schudt weer met zijn hoofd.

'Luister, ik wil gewoon weten wat ze denken, wie ze zijn, hoe ze handelen. Kom op jongens. Info moet ik hebben.'

★

-Wat voor soort werkgever ben jij?

'Ik ben een entrepreneur, een leider. Ik luister wel naar mensen, maar ik vaar altijd mijn eigen koers. Ik ben geen dienaar.'

-Je lijkt veel op je vader, maar daarin niet.

'Mijn vader was de grootste sociaal-democraat na Willem Drees zelf. En zo ben ik ook opgevoed, maar ik gedraag me niet als sociaal-democraat. In mijn werk gedraag ik me als sociaal-dictator.'

-Waarom?

'Dat past beter in de wereld waarin ik leef.'

★

De volgende morgen. Rob Jansen staat in zijn tot slaapkamer omgetoverde balzaal voor een kledingkast. Hij gaat naar de luchthaven van Zürich om daar met een delegatie van Sparta Praag te praten over de komst van de transfervrije Mark Janko, de Oostenrijkse spits van wie hij al een paar jaar de zaakwaarnemer is. Tijdens het selecteren van zijn overhemden wordt hij gebeld door een onbekende man met de mededeling dat hij morgen ook aanschuift bij het gesprek, omdat hij speler en club bij elkaar heeft gebracht. Jansen neemt het voor kennisgeving aan en haalt er verder zijn schouders over op.

'Hij spreekt met een Italiaans accent. Ik ken die man niet, maar hij wil duidelijk geld zien. Nou, ik vind het best, maar dan moet-ie niet bij mij zijn.' Daarna begint hij druk te appen met iemand in Tsjechië.

Weer gaat de telefoon. Het is ene Kristos. Na drie keer vergeefs swipen is er contact. Hij belt vanuit Nicosia, want Kristos is de contactman op Cyprus. Op de achtergrond heeft hij meegeholpen om Mario Been als trainer naar APOEL Nicosia te brengen. Zijn stem klinkt jong en nerveus.

'Rob, ik wil je iets vragen. Mag dat?'

-Natuurlijk.

'Als ik iemand van Wasserman onderbreng bij een club hier, euh...'

-Ja?

'I mean, will I be involved?'

-'Wat zeg je? Ik kan je niet verstaan, Kristos.'

Rob Jansen knipoogt.

'Nou euh... Deel ik mee?'

-'Ligt eraan. Als je echt iets aanbrengt waar we iets aan hebben: natuurlijk. Dus dat geldt ook voor Mario Been. Ik zorg dat jij ertussen zit, op welke manier dan ook. Jij krijgt je percentage, maak je geen zorgen.'

Nicosia is best ver, maar de opluchting aan de andere kant van de lijn is bijna voelbaar.

'Luister Rob, ik wil niet...'

-'Geen probleem, Kristos.'

'Ik hoop niet dat je...'

-'*Bye, bye. Take care.*'

'*Bye Rob.*'

Lachend hangt hij op. 'Kristos is een goeie jongen. We zullen hem niet vergeten.' Van dit soort telefoontjes krijgt hij er honderd per jaar, uit alle windstreken van de voetbalwereld. 'Ja, iedereen probeert zijn percentage veilig te stellen, want iedereen moet eten. En er zijn natuurlijk geen regels. Iedereen is afhankelijk van iedereen. Het lijkt soms wel een soort roversbende, als je ziet hoe alles wat liegt en bedriegt zich ertussen wringt.'

Hij overdrijft niet. Een groot deel van zijn tijd gaat op aan het op afstand houden van agenten of *would-be* agenten, vrienden en familieleden van spelers, volmachthouders, luchtfietsers, bedriegers, bluffers, charlatans en fantasten. 'Daarom is er een kleine groepje voetbalmensen op wie ik altijd terugval voor mijn informatie. Dat zijn er vijf, zes, verspreid over Europa. Los van wat oud-voetballers die ik automatisch tegenkom en spreek. Dat is genoeg. Als ik er twintig zou hebben, ben ik echt dom. Dat zou betekenen dat ik zelf niets weet. En zoveel betrouwbare informanten zijn er niet in de voetbalwereld. Met die paar mensen praat ik geregeld bij.'

Hij begint op zijn telefoon te swipen. Er gebeurt niet veel. Hij veegt zijn vingers aan zijn broek af en probeert het nog eens. 'Er is iets met die telefoon,' zegt hij. Pas na tien keer swipen lukt het.

'Hier, moet je dit zien.'

Hij laat een WhatsApp-profielfoto zien van de Italiaanse jongen die heeft aangekondigd er morgen bij te zijn in Zürich. Hij ligt in Hawaii-hemd op een strandstoel. Het is tot aan zijn navel opengeknoopt. 'Niet echt handig, als je jezelf zo presenteert als agent. Maar misschien valt die jongen wel mee. Als hij zich netjes opstelt, let ik ook nog op hem. Dan zeg ik tegen die voorzitter van Sparta Praag: ik wil wel dat het goed wordt afgehandeld voor hem. Dan zet ik hem ertussen. Hij heeft ook zijn werk gedaan. Hij heeft Janko bij Sparta binnengebracht, zoals dat in vaktermen heet. Die club stond niet op mijn lijst. En hij heeft me binnen 48 uur een officieel bod van Sparta bezorgd. En Sparta heeft aan mij bevestigd dat die Italiaanse jongen inderdaad voor een Tsjechische agent werkt waarmee zij *involved* zijn. Het is dus vertrouwd. Alleen wilde die Italiaan slim zijn en zich financieel indekken en eiste hij de helft van mijn fee. Maar ik heb hem laten weten dat hij dat kan vergeten en daarna heb ik gelijk die Tsjech ingelicht. Die is nu boos. Nu zwemt onze vriend in zijn Hawaii-hemd dus overal tussenin. Wat mij betreft schuift hij morgen lekker aan, maar als hij om geld vraagt wijs ik gelijk naar de voorzitter van Sparta Praag. Dat soort jongetjes, daar ben ik snel klaar mee.'

Het zegt veel over het gebrek aan systeem hoeveel kapers er op de kust verschijnen zodra er geld lijkt te kunnen worden verdiend. Weer gaat de telefoon. Dit keer is het een van zijn contactmannen in Frankrijk, Damien. De lijn is slecht. Het gaat over Alexandre Lacazette, de Franse aanvaller van Olympique Lyon.

'Rob, ik ben net gebeld door de agent van Lacazette. Die man zegt dat hij vanochtend een goed gesprek heeft gehad met de manager van Ronald Koeman, over een transfer naar Everton.'

'Wat? Dat kan niet,' zegt Jansen, 'Ik ben de manager van Ronald Koeman.'

Damien: 'Dat weet ik. Dat zei ik ook al tegen die man. Daarom vroeg ik hem in welke taal ze elkaar hadden gesproken. In vloeiend Frans, zei hij. Toen wist ik zeker dat jij het niet was geweest. Ik heb gezegd dat hij werd misleid. En ook dat Lacazette niet meer op het lijstje van Everton staat, omdat we ervan uitgaan dat hij naar Spanje vertrekt.'

'Goed Damien, ik zal het opnemen met Ronald. Dank voor de info.'

'Oké, Rob, geen probleem. *Have a nice day and...*'

'Wacht even, wacht even... Als de agent van Lacazette die man te woord heeft gestaan, dan is hij dus kennelijk bereid te praten over een transfer naar Everton?'

'Ja. Lacazette staat open voor een vertrek naar Engeland.'

'Oké, goed om te weten.'

Tijdens het aankleden beginnen de hersenen van Rob Jansen te kraken.

'Dat hadden we nog niet gehad vandaag: iemand die zich voor mij uitgeeft. Maar wat er waarschijnlijk is gebeurd, is dit: Ronald Koeman is afgelopen week in Barcelona geweest. Daar is hij natuurlijk met wat mensen gaan eten. Waarschijnlijk heeft hij daar aan tafel over spelers gesproken. Iemand heeft de naam Lacazette opgevangen. Die meneer is naar Olympique Lyon gegaan en heeft gezegd: luister, ik ben de manager van Ronald Koeman en ik wil graag een meeting organiseren, want Everton wil Lacazette overnemen. Als ze daar op in waren gegaan, was hij razendsnel naar Everton gevlogen en had-ie tegen die Engelsen gezegd: ik kan jullie Lacazette van Olympique Lyon bezorgen. En zo wringt hij zich ertussen.

Iedereen hoeft maar een heel klein beetje mee te werken en hij is binnen. Als hij Ronald Koeman belt en die verbindt hem door met de directie, dan is de eerste stap gezet. Aan de directie vraagt hij om een meeting, omdat hij zogenaamd toegang heeft tot Lacazette. Als ze daar ja op zeggen, zit hij al in twee stappen met ze aan tafel. En zo probeert hij overal bij betrokken te raken, zodat hij op het einde kan zeggen: kijk eens wat ik allemaal voor elkaar heb gebracht voor jullie, ik wil vijf procent van het transferbedrag, of tien procent, of wat dan ook.

Dit kunnen lucratieve trucjes zijn, waar veel geld mee te verdienen valt. Het hangt er vanaf hoe sluw zo iemand is, hoe ondeskundig de andere partijen zijn, hoe graag de club de speler wil hebben of verkopen. Als je er eenmaal tussen zit, zijn de mogelijkheden legio. Hij kan bijvoorbeeld tegen de manager van Lacazette zeggen: als het me lukt hem naar Everton te transfereren, dan wil ik een deel van jouw winst. Datzelfde kan hij ook tegen de club Lyon zeggen, mochten ze graag van de speler af willen. Everton zal hem niet zo snel betalen, tenzij ze de speler heel erg graag willen, dan doen ze het misschien ook nog wel. Het kan ook allemaal tegelijk, zodat hij van alle kanten meeprofiteert. Alles kan, want er zijn geen regels. Iedereen doet maar wat, probeert maar wat. En niemand houdt ze tegen. Geen licentiecommissie, geen arbitrage-orgaan, helemaal niemand. Behalve goed georganiseerde netwerken, zoals die van mij. Die kunnen zaken checken. Je ziet: één telefoontje uit Frankrijk en die meneer is ontmaskerd. Want dat vergeten de rommelaars in de marge binnen ons vak: dat de grote jongens elkaar bellen, informeren, waarschuwen, elkaars info als vangnet gebruiken.'

Hij begint schamper te lachen.

'We zullen straks Ronald eens bellen, kijken of het inderdaad zo is gegaan. Maar ik vermoed van wel.'

Het zegt veel over de grilligheid van de transfermarkt dat ook mislukte pogingen tot oplichting de aanleiding kunnen vormen voor een nieuwe transfer, want de gedachten van Jansen zijn alweer bij de toekomst. 'We dachten zeker te weten dat Lacazette naar Atlético Madrid ging. Dat dit nu niet zo blijkt te zijn, opent misschien weer mogelijkheden voor Everton.' Dat Ronald Koeman zich een paar weken geleden al in de speler heeft verdiept en hem toen niet direct als de gedroomde versterking zag, zegt hem niets. 'Meningen van trainers zijn net als het weer: elke dag anders.'

Hij begint het nummer al in te toetsen.

'Ik weet al wat er is gebeurd,' zegt Ronald Koeman. 'Ik zat in Barcelona te eten. Er kwam een man bij me, die begon over Lacazette. Die kerel is toen natuurlijk naar Lyon gegaan en...'

'Precies,' zegt Jansen.

'Ik weet wie die man is. Ik zal hem wel laten weten dat hij hiermee moet ophouden.'

'Graag. Zeg maar dat we hem niet nodig hebben. Dat ik allang met Lacazette bezig ben. En dat-ie niet moet doen alsof hij mij is. Eén Rob Jansen in deze wereld lijkt mij meer dan genoeg.'

'Oké, Rob.'

'Goed. Ik spreek je later.'

'Oké. Hé...'

'Ja, Ronald?'

'Maar jij denkt dat het wel kans van slagen heeft om hem te benaderen? Ik vind Lacazette wel een goede speler voor Everton, hoor...'

★

-Wanneer clubs klagen over het onbetrouwbare gedrag van bepaalde makelaars of over de waanzinnig hoge fee's die ze aan hen moeten betalen, vind jij dat ze boter op hun hoofd hebben.

'Ja. Kilo's.'

-Hoezo?

'Omdat zij de makelaars waar ze – vaak terecht – zoveel aanmerkingen op hebben, zelf in stand houden door zaken met ze te doen. Als clubs dat niet zouden doen, zou die groep allang niet meer bestaan. Maar zo werkt het niet in de praktijk: al komt de grootste crimineel van het westelijk halfrond binnen, zodra hij de nieuwe Messi bij zich heeft wordt hij als een koning binnengehaald.'

★

Op zijn beste momenten lijkt het zelfvertrouwen van Rob Jansen wel besmettelijk. Bijvoorbeeld op de dag dat hij Lucas Woudenberg en diens vader op kantoor ontvangt, de linksback die bij Feyenoord op het tweede plan is geraakt en nu weg wil uit De Kuip, het liefst zo snel mogelijk.

Lucas Woudenberg heeft zijn hele loopbaan al dezelfde zaakwaarnemer en hoewel hij vol lof over deze persoon is en alleen maar goede ervaringen met hem zegt te hebben, vermoeden hij en zijn vader toch dat het netwerk van Wasserman net iets groter is, en dat de poging om nog voor het begin van de competitie ergens onderdak te vinden daarmee bij hen meer kans van slagen heeft.

Rob Jansen is er de man niet naar om dit soort zaken tegen te spreken, maar hij benadrukt wel – voorafgaand aan het gesprek – dat hij op dit moment niets voor Woudenberg kan doen. 'Hoewel het officieel niet mag, praten agenten het hele jaar door met spelers. Alleen ben ik voorzitter van de agentenbond en moet ik het goede voorbeeld geven, dus ben ik voorzichtig met dit soort dingen. Ik wil best kennismaken met die jongen en hem vertellen hoe wij werken, maar ik ga deze transfer niet aanraken. Pas als zijn contract bij zijn huidige zaakwaarnemer is afgelopen, kunnen we gaan praten over een eventuele overstap.'

En dus zit hij even later op een stoel tegenover Lucas Woudenberg en zijn vader – en zwijgt. Hij houdt al de hele tijd zijn handen onder zijn oksels gevouwen en laat de speler praten. Sporadisch stelt hij een vraag. Over hoe zijn situatie precies is bij Feyenoord. Hoe Woudenberg zelf de toekomst ziet. Waarom Woudenberg zijn huidige zaakwaarnemer zou willen verruilen voor Wasserman. Pas daarna begint hij eerst zijn collega te roemen, benadrukt meermaals dat Woudenberg zijn verantwoordelijkheid moet nemen en het spel als een gentleman moet spelen wanneer hij van agent zou willen veranderen, en vraagt dan wat eigenlijk het probleem is. De halve Eredivisie heeft al eens zijn interesse kenbaar gemaakt. Hij staat van sc Heerenveen tot FC Twente en van FC Utrecht tot FC Groningen goed aangeschreven, al is het maar om zijn loopvermogen. De Witte Keniaan, zo wordt hij door zijn teamgenoten genoemd.

'Nou,' zegt de Witte Keniaan, 'het probleem zit 'm in de transfersom. Martin van Geel zegt dat-ie per se een miljoen voor me wil. Maar de clubs willen maar drie, hooguit drieënhalve ton betalen. Dat is volgens mij een probleem.'

'Welnee,' zegt Jansen.

'Ja maar,' zegt de Keniaan, 'daar zit toch zeven ton verschil tussen?'

'Allemaal onbelangrijk,' zegt Jansen.

De speler kijkt eerst verbaasd en begint dan te lachen. Zijn vader gaat iets rechterop zitten.

Dan neemt Jansen het woord en begint aan wat hij zelf vaak 'het toneelstuk' noemt.

Toen hij daarnet zelf nog in zijn kantoor op zijn bureaustoel zat te draaien, klagend over het contract van Dennis Bergkamp met Ajax dat nog steeds niet was getekend, had hij intussen Joost Ebergen in de ontvangstruimte een dvd laten opzetten voor vader en zoon Woudenberg, waarin een gelikte impressie werd gegeven van het bedrijf. Al direct na kennismaking merkt hij dat dit zijn werk heeft gedaan. Met name vader Woudenberg lijkt onder de indruk, vandaar dat Jansen de reikwijdte van Wasserman in zijn openingspraatje nog maar even benadrukt. Het is niet uitgesloten dat hij hier en daar een tikje overdrijft.

'Wasserman is een van de grootste sportmanagementkantoren ter wereld, met een miljard omzet per jaar. We hebben wereldwijd 3500 atleten onder contract. Er werken 750 mensen, niet alleen hier en in Los Angeles, waar het hoofdkantoor zit, maar ook in Dubai, New York, Londen, Sao Paolo, Miami, Toronto, noem maar op. Ik ben dus niet iemand die een Playstation uitdeelt om een speler binnen te krijgen. We zijn van een iets ander niveau.'

Woudenberg knikt. Precies wat hij zocht. Hij laat weten dat hij er klaar mee is en wil graag van Jansen weten hoe hij het aan zou pakken. Er hebben zich zes clubs met concrete interesse gemeld. sc Heerenveen speelt al heel lang. Er is al drie ton geboden. Ook FC Utrecht ziet hij wel zitten. 'Maar hoe kan Van Geel een miljoen vragen voor iemand die nog geen vijf wedstrijden voor Feyenoord heeft gespeeld?' Aan alles is te merken dat de voetballer haast heeft. 'Ik wil spelen. Salaris interesseert me niet. Ik ben bereid een stap terug te doen, om straks twee stappen vooruit te maken.'

Rob Jansen knikt. Tot nu toe bevalt het hem wat hij hoort. Hij buigt voorover en zegt: 'Dit vergt power van een agent. Als ik jouw management zou doen, zou ik even koffie gaan drinken met Van Geel en zeggen: "Luister, door hem nooit op te stellen, dwingen jullie me dat Lucas weg moet. Dat doe ik niet, dat doen jullie. Wij gaan dus vanaf nu op zoek naar een nieuwe club voor onze speler. Als je zelf een idee hebt mag je dat aanreiken. Die club wordt door ons gekozen en jij komt er met die club maar uit. Klaar. En anders hebben we een groot probleem." Ik weet niet of jouw huidige manager de power heeft om dat uit te voeren, kan ik niet beoordelen. Maar zo hoor je dat te doen.'

De vader schraapt zijn keel. 'Over zijn huidige manager geen kwaad woord, maar we hebben het idee dat uw netwerk groter is,' zegt hij nog maar eens. 'Aan de andere kant willen we geen nummertje zijn.'

'Luister,' zegt Jansen, 'Ik ben betrokken bij al mijn spelers, maar niet op dagelijkse basis. Waarom niet? Omdat ik daar geen zin in heb. Dat doen de jongeren hier, zoals Joost. Als wij ooit, ergens in de toekomst zouden gaan samenwerken, zou Joost het aanspreekpunt zijn. Ik ben betrokken bij de zakelijke transacties, maar ik kom niet naar de training, ik regel geen korting op scooters, ik geef geen leren jacks weg, ik haal geen familieleden middenin de nacht van Schiphol en ik regel ook geen gratis kaartjes voor popconcerten. En als thuis je kraan lekt moet je de loodgieter bellen, en niet mij. Maar wat ik wel doe is de politiek van het vak, van A tot Z. Je ziet me niet, maar ik zorg dat alles loopt. Veel van wat ik doe speelt zich dus op de achtergrond af. Ik heb bijvoorbeeld net de transfer van Davey Klaassen van Ajax naar Everton afgerond, terwijl ik niet zijn agent ben, iets wat overigens gebeurde met instemming van Ajax en zijn zaakwaarnemer. Ik regel alles voor de club, voor de speler zelfs voor de agent, Sören Lerby. Die staat in alle kranten, maar in werkelijkheid heb ik het gedaan.'

★

-Het is de toon die de muziek maakt in jouw wereld.

'Voor een groot deel wel, ja. Het gaat er om hoeveel ervaring, invloed en deskundigheid je hebt. En hoe je die het best kunt aanwenden voor het belang van jouw speler.'

-En voor dat van jezelf.

'Dat gaat hand in hand, als het goed is.'

-En waar hangt het vanaf of je power hebt of niet?

'Hoe waardevol de spelers zijn die je vertegenwoordigt, en de informatie waarover je beschikt.'

★

's Avonds, aan het Haagse Noordeinde. In het Italiaanse restaurant La Liguria, een bekende pleisterplaats in voetbalkringen, wandelt Rob Jansen bij binnenkomst en zonder verder te verblikken of verblozen in marstempo een paar obers voorbij, gaat op weg naar een tafeltje achterin in de overdekte tuin, wenkt naar zijn gevolg dat ze moeten doorlopen, lijkt lichtelijk geërgerd als hij merkt dat er nog meer mensen zijn toegelaten tot het restaurant, legt zijn telefoon op tafel, slaakt een diepe zucht, gebaart naar de kelner dat hij moet komen, fluistert tegen zijn tafelgenoten dat hij hoopt niet in aanstellerig Italiaans te worden aangesproken, en verordonneert dan geroutineerd een fles water en een fles witte wijn. Hij knipt er nog net niet met zijn vingers bij, maar alles gebeurt wel op de toon van een sergeant-majoor. Tegen obers die moeilijk doen, stewardessen met een attitude, taxichauffeurs met praatjes en ander personeel dat hem stoort, spreekt hij bij voorkeur kort, sarcastisch en in de gebiedende wijs. Uniformen werken helemaal snel op zijn zenuwen. Dat is een van de eigenschappen waarin hij verschilt van zijn vader, die juist een fascinatie had voor militaire uniformen, een liefhebberij die soms Monty Pyhon-achtige scènes tot gevolg had. Jansen sr. kon bijvoorbeeld op de ochtend van 11 september 2001 in de Haagse Schilderswijk worden waargenomen met een Amerikaanse baret op zijn hoofd achter het stuur van een jeep uit de Tweede Wereldoorlog, vanaf de stoep aangestaard door mannen in djellaba's die naar hem keken alsof hij zo uit *The Longest Day* was komen aanrijden.

Het gezelschap in La Liguria bestaat vanavond uit Joost Ebergen en Dick Tuit, zijn levenslange vriend die zowel qua postuur, voetbalkennis als vriendelijke inborst een soort Haagse versie van Jan Boskamp is.

Aan tafel gaat het over Kasper Dolberg. Iedereen is het erover eens dat hij het grootste en daarmee waardevolste talent van de Eredivisie is. Maar iedereen is het er ook over eens dat hij bij een zwak management zit. 'De mensen rond Dolberg verstaan hun vak niet,' zegt Jansen. 'Ik begrijp niet dat zo'n ogenschijnlijk verstandige jongen geen goede agent heeft. Alhoewel, ik snap het eigenlijk wel. Ze doen waarschijnlijk zijn boodschappen voor hem, wassen zijn auto, rijden hem overal naartoe. Dat jongetje ziet waarschijnlijk een vriend in die mensen. Wat ik niet snap is dat Ajax hier niets aan doet.'

Joost Ebergen knikt. Hij vormt op de spelersmarkt sinds enige tijd een duo met Michael Jansen, de zoon en beoogd opvolger, van wie de trotse vader minstens drie keer per week zegt dat 'Mike' zich 'als een speer' ontwikkelt. Samen werken de twee jonkies deze dagen onder meer aan de transfer van Anderlecht-speler Bram Nuytinck naar het Italiaanse Udinese, de club die wordt geleid door de familie Pozzi. Dat Michael al vaker met hen heeft onderhandeld is een groot voordeel, zegt zijn vader, zoals het ook een voordeel is dat Joost de beste vriend is van Bram Nuytinck, met wie hij nog heeft samengespeeld bij NEC. 'De Pozzi's zijn ook eigenaar van Watford. Michael heeft zaken met ze gedaan toen Daryl Janmaat werd getransfereerd. Hij weet dus een beetje wat hij kan verwachten. Namelijk: alles.'

In zijn jongere jaren had Rob Jansen nu niet op het Haagse Noordeinde achter de spaghetti gezeten, maar op het Piazza 1 Maggio in Udine. Maar tegenwoordig laat hij dit soort klussen graag aan zijn beoogde opvolgers over. Hij ziet de transfer tussen een topclub in België en een Serie A club uit Italië als een unieke spoedcursus voor de nieuwe generatie.

'Morgen vliegen die knullen met de speler naar Italië en

dan moeten ze het maar rond zien te maken. Dit zijn mega leerzame trips voor ze, daarom laat ik ze alles met z'n tweeën doen. Ik bemoei me nergens mee. Wel stuur ik altijd een advocaat mee, zeker met die jonge jongens en zeker in Italië, want ik wil wel dat alles netjes en volgens de regels gebeurt. Maar verder zoeken ze het maar uit. Ik heb er wel vertrouwen in. Michael heeft al een paar grote zaken gedaan. Ik zweer het je: die jongen heeft het in zijn vingers.'

Hoewel Jansen er af en toe met zijn gedachten niet helemaal bij lijkt, is de sfeer aan de tafel al snel vrolijk, want hij is een onderhoudende disgenoot. Zelfs als de naam Mino Raiola valt, blijft de stemming opgewekt. 'Hij is mijn type niet en we hebben al jaren een slechte relatie, maar ik moet eerlijk zijn: in de beginjaren hebben we ook heel veel plezier met elkaar gehad. We hebben de gekste dingen uitgehaald en meegemaakt en daar kan ik gelukkig nog steeds met veel plezier aan terugdenken, ondanks wat er later allemaal is gebeurd. Zoals ik ook kan erkennen dat Raiola het financieel goed heeft gedaan. Beter dan ik. Veel beter zelfs. Alleen niet op een manier die ik ambieer.'

Daarna beginnen de anekdotes als vanzelf over tafel te rollen. Zoals over die keer in Italië, toen Raiola het bij het boeken van een hotel weer zo had weten te regelen dat iedereen van het gezelschap – inclusief zijn baas Rob Jansen – in een minuscule kamer naast de lift sliep en hij in de bruidssuite.

En dan, na de laatste hap *spaghetti aglio olio*, terwijl het gesprek heel ergens anders over gaat, schiet Rob Jansen opeens iets te binnen. 'Als ik zijn agent zou zijn geweest, dan zou ik in principe wel een plan hebben gehad voor die jongen van vanmiddag,' zegt hij. 'Kom, hoe heet-ie? O ja, Woudenberg.'

Hij pakt zijn servet en dept langzaam zijn lippen.

'Ronald zou hem dan gewoon moeten kopen.'

Joost Ebergen denkt even dat hij zich in een garnaal verslikt.

'Koeman?' vraagt hij.

Jansen, smalend: 'Ja, Ronald Koeman, ja. Daar heb ik het inderdaad over. Je weet wel, de broer van Erwin.'

'Oké...'

'Waarom niet? Woudenberg naar Everton. Kan toch?'

De tegenwerking dat hij daar dan op de tribune zou komen te zitten, terwijl het juist de bedoeling is dat hij gaat spelen, wuift hij weg.

'Wacht even, ik ben ook nog niet klaar. Everton zou hem kunnen kopen, maar zou hem dan ook gelijk weer voor een jaar aan FC Utrecht verhuren, waar hij in de voorbereiding gewoon kan aansluiten. Kan zijn zaakwaarnemer gewoon zijn centjes verdienen, gaat Lucas spelen bij een club waar hij past, heeft Utrecht er serieuze versterking bij, wordt hij door de Britten betaald en als-ie het echt goed doet, haalt Everton hem alsnog naar Engeland. Speelt onze Lucas plotseling in de Premier League. En dat voor 800.000 euro, zodat Feyenoord en Van Geel ook tevreden zijn. Iedereen blij. Wil iemand een dessert trouwens?'

Het is ochtend in Scheveningen, de personal trainer is net weg, Rob Jansen is fris gedoucht en op weg naar de keuken als de telefoon gaat. Het is Marc Wilmots, de voormalig bondscoach van België. Marc heeft contact met een Duitse advocaat die zegt dat hij met hulp van een stel Chinese investeerders op het punt staat Sunderland over te nemen. De advocaat wil Wilmots tot trainer bombarderen. En of Rob even wil checken hoe serieus dit is.

Zuchtend en steunend zoekt hij even later telefonisch contact met Duitsland. Hij heeft er in de loop der jaren een radar voor ontwikkeld om luchtfietsers in een vroeg stadium te herkennen. Dit lijkt er weer zo een en zijn Duitse bronnen en de mensen rond de club Sunderland bevestigen dit vermoeden ook. Uiteindelijk krijgt hij de man zelf aan de telefoon. Na tien minuten weet hij genoeg. Hij zet de advocaat in de woonkamer op de speaker, legt zijn telefoon op de eettafel neer en gaat zelf in de keuken op zijn gemak een boterham smeren. Als hij in de huiskamer is teruggekeerd roept hij af en toe op goed geluk '*yes*' en '*I understand*' in zijn telefoon, eet intussen op zijn gemak zijn boterham en checkt door de vitrage langzaam kauwend hoe de planten in de tuin er vandaag bij staan. Als de man vraagt of Jansen hem in contact kan brengen met de Chinese investeerders achter Atlético Madrid, maakt hij op snelle maar charmante wijze een einde aan het gesprek.

'Ik moet zo iemand checken, omdat Marc het me vraagt. En omdat in voetbal alles mogelijk is, zelfs een totaal onbekende advocaat die met een paar Chinezen de club Sunderland koopt. Maar eigenlijk voel je al: hier klopt iets niet. Uiteindelijk wilde hij via mij de bestuurskamer van Atlético Madrid binnenkomen. Trap ik niet in.'

Het heeft hem weer een deel van de ochtend gekost, al dat gebel, en dat terwijl hij wel iets anders aan zijn hoofd heeft. Hij heeft uit zeer betrouwbare bron vernomen dat Lacazette voor een recordbedrag onderweg is naar Arsenal. Alle pijlen worden nu gericht op Olivier Giroud van datzelfde Arsenal. Maandenlang is Rob Jansen op de achtergrond al bezig geweest met dienst komst naar Everton. Langzaam maar gestaag, na honderden uren aan telefoongesprekken, ontelbare appjes, lunches en diners in half Europa, staat iedereen op scherp voor de komst van de Franse spits naar Goodison Park, maar nu het moment steeds dichterbij komt dat de handtekening moet worden gezet, heeft de speler plotseling zijn bedenkingen. Hij blijft misschien toch liever bij Arsenal, of heeft een voorkeur voor een andere club, met hoogstwaarschijnlijk een nog beter bod dan de miljoenen die bij Everton klaarliggen. Ook is er een theorie die zegt dat Giroud niet bij Arsenal weg mag van zijn vrouw Jennifer, die Londen liever niet verlaat. Het zal niet de eerste miljoenentransfer zijn die sneuvelt op de voorkeuren van de echtgenote.

Omdat alles met alles te maken heeft in de top van het Europese voetbal, brengt het uitblijven van Girouds handtekening een deel van de markt tot stilstand. De contouren van wat er normaal gesproken zou gebeuren zijn voor Rob Jansen allang zichtbaar, maar ze beginnen met het verstrijken van de tijd steeds vager te worden. 'We kijken alweer naar andere spitsen. Ik ben voor Everton aan het zoeken in de grote voetballanden. Dan heb je het over transfers van 80 of 100 miljoen. Maar dan moet de markt wel verder in beweging komen. Er liggen bij alle grote clubs stapels scenario's klaar, maar iemand moet de eerste stap zetten.'

Hij geeft een voorbeeld.

'Aubameyang, de spits van Borussia Dortmund, zou naar AC Milan kunnen. Dat weet ik. Als hij naar AC Milan gaat, dan komt de spits van Fiorentina, Nikola Kalinic, niet. Dat weet ik ook. Dan zou Everton dus weer Kalinic voor de spitspositie kunnen kopen, als Giroud blijft weigeren te tekenen.'

Zo zijn er ook op kleinere schaal soms tegenvallers. Hij wordt gebeld door Woudenberg. Het is een kort gesprek. Een paar uur later staat op internet dat de Feyenoorder voor drie jaar heeft getekend bij SC Heerenveen. Zijn vaste zaakwaarnemer heeft dat voor hem geregeld.

'Ik vind het netjes dat die jongen mij heeft ingelicht. En ik ben blij voor hem dat hij een club heeft en dat zijn zaakwaarnemer gewoon zijn werk heeft kunnen uitvoeren. Lucas heeft hem wel verteld dat hij bij mij is geweest en dat hij nog steeds overweegt over te stappen. Maar eerst gaat hij zich concentreren op voetballen. En dat is ook prima.'

Hoewel Jansen toch een deel van zijn zeldzame tijd in Woudenberg heeft geïnvesteerd en grote internationale plannen met hem had, laten de gebeurtenissen hem verder koud.

'Dit is de realiteit in mijn wereld. *Part of the game.* Het clichébeeld dat voetbalagenten met een paar telefoontjes multimiljonair worden, is onzin. Het kan wel, maar de praktijk is meestal een stuk minder spectaculair. Om te beginnen kunnen de meeste zaakwaarnemers amper het hoofd boven water houden. Er is alleen een kleine toplaag die grote bedragen verdient. En ook zij steken vaak heel veel tijd en energie in zaken die nooit iets opleveren. Iedereen heeft weleens zo'n dag. Dan ben je eerst in de ochtend een Duitse advocaat aan het checken waar je verder niets aan hebt en 's middags denk je mee met een speler die niet komt. Zo gaat dat soms. We leven niet altijd in een Jerry Maguire-film.'

Soms verdwijnt Rob Jansen opeens. En als hij dan na een paar dagen weer boven water komt, blijkt hij plotseling Terence Kongolo te hebben verkocht aan AS Monaco. 'Sorry, maar dat moest echt in het grootste geheim gebeuren,' zegt hij dan. 'Terence heeft een familie die overal bovenop zit en alles met elkaar deelt, waardoor de kans op uitlekken heel groot was. En dat konden we echt niet gebruiken. We hebben alles achter gesloten deuren en in klein comité moeten afwikkelen. Grote transfer hoor. 15 miljoen euro. Toch lekker voor Feyenoord en Van Geel.'

Dit keer belt hij vanuit Engeland. Op de achtergrond is de stem van Heathrows omroeper te horen. 'Ja, ik dacht ik laat even iets van me weten,' zegt hij, 'want ik ben de afgelopen dagen her en der in Engeland bezig geweest.'

Weer blijkt hoe nauw alles met elkaar verband houdt in het internationale voetbal, en op welke ogenschijnlijk onzinnige details zaken soms wel of niet doorgang vinden. 'Ik heb een meeting gehad met Bill Kenwright, Ronald Koeman en mijn zoon Michael. De tijd begint te dringen. We moeten verder. Wéér hebben we een hele lijst aan spitsen doorgenomen. De komst van Giroud is steeds minder waarschijnlijk. De markt wordt gecheckt op vervangers, maar de politiek eromheen is vaak ingewikkeld als je het hebt over transfers van 80 of 100 miljoen euro.'

Zijn stem klinkt schor, hij praat trager dan normaal. Jansen is moe, om niet te zeggen: sufgeluld.

'Het is gisteravond laat geworden met Ronald aan tafel, we hebben tot diep in de nacht verder zitten praten over versterkingen. En vanochtend was ik alweer vroeg in Reading, waar we koffie dronken met de voorzitter van Swansea, voor de verlenging van het contract van Leroy Fer. En omdat ik er toch zat, heb ik ook nog bemiddeld in de problemen tussen Everton en hem over de transfer van Sigurdsson, die IJslander. Gaat om 40 miljoen Pond, dus best het proberen waard, vind je niet?'

Intussen stapelen de problemen rond Daley Blind zich op.

'Everton wil hem graag hebben, maar United geeft nog steeds geen signaal. Fahrad gaat vandaag weer checken, maar we hebben er een hard hoofd in. We kunnen ook niet te lang meer wachten. Het mag niet in Daley's hoofd gaan spoken.'

Hij zegt het niet hardop, maar zelf begint hij ook in een lastig parket te raken. Het is de bedoeling dat hij namens Everton alles uit de kast haalt om Blind bij Manchester United los te weken. Maar hij is ook zaakwaarnemer van de speler, en weet dat die niet te veel zorgen aan zijn hoofd moet hebben om op topniveau te kunnen presteren bij een van de grootste clubs ter wereld. De weegschaal slaat uiteindelijk door in het voordeel van de speler. 'Dit mag niet te lang duren. Hij moet zich op het voetbal kunnen blijven concentreren. Daarom zoekt Everton inmiddels ook naar vervangers, maar dat valt niet mee. Je kunt van Daley zeggen wat je wilt, maar er zijn niet veel spelers die op drie posities kunnen spelen.'

Het begint intussen behoorlijk op zijn zenuwen te werken. 'Ja, omdat de oplossing zo makkelijk is. De sleutel ligt bij Woodward. Alleen: die doet niks. Het is nu de derde keer dat United zijn belofte niet nakomt om Daley's contract open te breken, maar intussen laten ze ook niet blijken dat hij mag vertrekken. Dat irriteert, ja. Bovendien kan Daley bij Koeman in het centrum spelen, wat hij graag wil, en ook nog eens een beter contract krijgen. Maar United wil hem niet laten gaan. Nu is er een patstelling ontstaan. We kunnen niet veel doen, zolang Woodward geen actie onderneemt. Als hij zegt: Daley blijft, dan is dat prima. Dan gaan we, zoals afgesproken, aan een nieuw contract werken. Als hij zegt: Daley kan verkocht worden, dan gaat-ie naar Everton. Maar hij zegt niks, dat is juist het probleem.

Ik moet dit zelf zien op te lossen, ik kan de speler niet naar de trainer laten lopen. Daley moet zich concentreren op het voetbal. Hij kan geen ruzie maken, want dan werkt United niet mee aan een transfer, koopt Everton iemand anders op die positie en zegt Mourinho dat-ie hem niet meer nodig heeft. Dan zijn we nog verder van huis. Maar wat kan ik doen? Ik kan moeilijk met een tank naar binnen rijden op Old Trafford.'

★

-Op welk moment tijdens de onderhandelingen komt jouw eigen vergoeding ter sprake?

'Ligt eraan. Soms heel vroeg in het proces, soms als de deal al is gemaakt. Dat soort dingen beslis ik puur op instinct. Vooraf geen afspraak maken over je fee, is in principe heel sterk. Maar het hangt van de andere kant af of het gaat werken.'

-Hoe bedoel je?

'De eerste keer dat ze over mijn fee beginnen, zeg ik: dat komt later wel, maak je geen zorgen, daar komen we wel uit. Maar gaandeweg de ontmoetingen laat ik wel iets vallen, een opmerking om te proeven hoe de zaken ervoor staan. Dan zeg ik bijvoorbeeld: *vorig jaar deed ik die en die transfer en toen kreeg ik van die en die club een paar ton commissie, maar we begrijpen natuurlijk allemaal wel dat ik toen veel geld heb laten lopen.'*

-En dan maar wachten op de reactie.

'Precies. De marker is dan in elk geval gezet. Als zij niet

of nauwelijks reageren, dan weet ik: ze houden er rekening mee dat ik straks met een flinke nota kom. En als ze zeggen: "Vergeet het maar Rob Jansen, zet die tonnen maar uit je hoofd", dan zeg ik: prima, geen probleem, maar dan gaan we nu eerst even bepalen wat mijn fee dan wél is. Dat is dus een kwestie van instinct. Agenten die gelijk aan het begin van de onderhandelingen nerveus beginnen te roepen dat ze wel dit en dit bedrag willen verdienen, zijn dus slechte agenten. Ze ontmaskeren zichzelf daarmee als beginneling, als amateur. Je moet in dit vak juist zo relaxed mogelijk zijn tijdens onderhandelingen. Concentreer je op je werk, het geld komt wel goed. En komt het de eerste keer niet, dan wel de tweede keer. Al geldt voor heel veel van mijn collega's ook dat het sappelen is om rond te komen. Het beeld van mijn beroepsgroep bestaat misschien uit een wereld vol privé-jets en bakken met geld die worden gestort, maar de werkelijkheid is dat alleen de kleine toplaag forse bedragen verdient. Ikzelf heb er ook 35 jaar over gedaan om op dit niveau te komen. De FIFA-regel is dat agenten minimaal 3 tot 5 procent per jaar ontvangen van het salaris en tekengeld van hun spelers. Het kan ook dat je als agent een percentage krijgt van de transferfee, maar dat is zeker niet altijd het geval. Dus iemand die tien spelers heeft die in de Jupiler League spelen, waar de jaarsalarissen tussen de 30.000 en 70.000 euro per jaar liggen, zou ik dus dringend adviseren er een baantje naast te nemen, want dat is bepaald geen vetpot.'

★

Een doordeweekse dag in Scheveningen. Dennis Bergkamp zit in de televisiekamer van de familie Jansen, leunt achterover op de bank en zegt: 'Rob is een beetje een mannetje. Maar dat is juist goed, in een wereld vol mannetjes.'

Het is middenin de transferwindow. Op de achtergrond beent de heer des huizes constant met een telefoon aan zijn oor door zijn eigen tuin. Het is Ed Woodward, de directeur van Manchester United. Die heeft bij hoge uitzondering telefonisch contact gezocht met Scheveningen.

Ed Woodward is niet de favoriete voetbalbestuurder van Rob Jansen en Rob Jansen is niet de favoriete voetbalagent van Ed Woodward. Dat is ook goed te merken.

'*Hello*,' zegt Woodward aan de andere kant van de lijn en steekt dan gelijk van wal. Hij doet dat op de bestraffende toon die je eerder bij de bovenmeester van een basisschool verwacht. De nekharen van Rob Jansen beginnen al overeind te staan.

'Ik wil even zeggen dat ik absoluut *not happy* ben met het feit dat jij vlak voor een belangrijke wedstrijd onze manager belt.'

'Wacht even,' zegt Jansen. 'Waar heb je het over? Mourinho? Die heb ik helemaal niet gebeld.'

'Wel waar,' zegt Woodward, op nog iets luidere toon dan dat hij al deed. 'Die heb je wél gebeld. Over Daley Blind. Vlak voor onze wedstrijd tegen Real Madrid. En dat wil ik dus nooit meer hebben, dat jij...'

Nu wordt Rob Jansen boos.

'*Hey!*' zegt hij. '*Lower your voice*, ja? Ik wens door jou niet als een 12-jarige te worden aangesproken. *You understand*? En verder zou ik voortaan maar iets zekerder van mijn zaak zijn voordat je iemand beschuldigt, want ik heb Mourinho niet gebeld. Ik weet niet waar je het over hebt.'

'Nou, ik...'

'En ik zou nu heel goed nadenken over je volgende zin, als ik jou was.'

Even is het stil aan de andere kant van Het Kanaal. Haagse bluf, mits met genoeg overtuiging gebracht, blijkt ook over de telefoon en in een vreemde taal goed te werken.

'*Well*, als dat zo is, dan bied ik hierbij mijn excuses aan.'

'Oké.'

Daarna wordt al snel de verbinding verbroken.

'Ongelooflijk,' zegt Jansen, wanneer hij zijn telefoon weer wegstopt. 'Ik probeer nu al maanden met United om de tafel te zitten voor het contract van Daley. Maar Woodward weigert gewoon te praten. Op een gegeven moment nam hij zelfs de telefoon niet meer op en reageerde ook niet meer op WhatsApp-berichten. Toen heb ik Jorge Mendez gebeld, de zaakwaarnemer van Mourinho. Of hij niet een keer kon uitvissen hoe de zaken ervoor staan voor Daley. Dus ik heb Mendez inderdaad gevraagd even te bellen, maar natuurlijk niet vlak voor een wedstrijd tegen Real Madrid. Daar is Mourinho boos om geworden, maar omdat hij zijn eigen zaakwaarnemer niet kan afvallen, heeft hij Woodward onder uit de zak gegeven. En die gaat zich nu weer afreageren op mij. Maar daar heb ik even geen zin in.'

Ed Woodward is de man die op de achtergrond de overgang van Manchester United naar de Amerikaanse eigenaren heeft begeleid. 'Een accountant. Een heel goede hoor, maar toch: een accountant,' zegt Rob Jansen, en hij trekt er een misprijzend gezicht bij alsof Ed Woodward in chemische wapens handelt. 'Die man praat niet,' zegt hij een paar keer, 'heel gek.'

Mensen die 'niet praten' werken hem op de zenuwen. Dat was deze transferwindow al eerder gebleken rond de transfer van Feyenoorder Kongolo naar AS Monaco, een staaltje van uitmuntend vakmanschap dat langzaam maar zeker was verworden tot een hoofdpijndossier. Naast veel lof en natuurlijk de fee die Feyenoord hem als intermediair tussen de clubs betaalt, resulteerde het tot nu toe in een arbitragezaak en een serie anonieme bedreigingen.

'Het is moeilijk om met Terence Kongolo een band op te bouwen. Het kost veel tijd, want hij is niet zo spraakzaam. Daar heb ik altijd moeite mee. Ik kan het best functioneren als ik een gevoel heb met mensen. Ik handel nu eenmaal voor een groot deel uit emotie. Als de ander nooit sjoege geeft, dan leer ik hem niet kennen en wordt het moeilijk werken voor mij. Ed Woodward is zo'n man. Waarschijnlijk briljant met cijfers, maar absoluut nul gevoel voor mensen.'

Binnen, in de televisiekamer, zegt Dennis Bergkamp: 'Ik ken Rob al vanaf mijn zeventiende, toen ik net bij het eerste van

Ajax kwam en hij nog bij de VVCS werkte. We zijn samen begonnen, zeggen we altijd. We lijken in sommige opzichten op elkaar, we vinden humor belangrijk, kijken op dezelfde manier naar mensen. Maar er zijn ook heel veel verschillen. Het werk dat hij doet, zou ik nooit kunnen. Het onderhandelen, het dealen, je hard opstellen, daar ben ik niet geschikt voor. Rob kan dat als geen ander. Hij is een professional, een van de grondleggers van zijn vak, maar ook een beetje gek, en dat is goed. Dat is nodig. Om je staande te houden in zijn wereldje moet je brutaal zijn, misschien zelfs een beetje bluffe-rig, moet je ergens een entree kunnen maken. Rob heeft dat. Als hij ergens binnenkomt, komt er ook echt iemand binnen.

Er zijn heel weinig mensen die niet met hem door één deur kunnen, behalve dan misschien een paar collega's. Dat is wel opvallend, zeker in onze wereld, waarin toch veel jaloezie en afgunst heerst. Hij is prettig om mee om te gaan. Ook in zakelijk opzicht. Ik denk niet dat er in Nederland een zaakwaarnemer is met wie je tijdens serieuze onderhandelingen over serieuze bedragen meer kunt lachen dan met Rob. Hij is een perfectionist, dus zijn voorbereiding op transfers is altijd vlekkeloos. Daar is hij dan soms maandenlang heel druk mee. Maar op het moment zelf, wanneer er daadwerkelijk wordt onderhandeld, dan is hij juist heel relaxed. De truc is humor. Hij maakt grappen op het moment dat het eigenlijk niet kan en haalt daarmee heel veel spanning uit de lucht. Bij een van de eerste ontmoetingen met Pellegrini, de voorzitter van Inter, noemde Rob hem 'schuimpie' zonder dat die man dat zelf in de gaten had. Mijn broer, die nog rustiger en nuchterder is dan ik, zat ernaast en kreeg een knalrood hoofd, maar Rob ging gewoon door met zijn verhaal alsof er niets was gebeurd. Ik vond dat altijd wel prettig. Je praat in ons vak vaak over miljoenendeals, over heel ingrijpende beslissingen in je leven. Dan is het fijn om er iemand bij te hebben die het met zulk gedrag allemaal een beetje relativeert.'

In de documentaire die Fons de Poel maakte, zit een mooie scène. Dat is wanneer Rob Jansen en Dennis Bergkamp elkaar voor de camera ontmoeten. Het is de zomer van 1996. Pasteltinten zijn in, T-shirts onder colberts en witte sportsokken zo te zien ook. 'Ha, Don Johnson,' roept Dennis Bergkamp, als hij zijn zaakwaarnemer ziet aankomen. 'Sonny Crockett!'

'Ja, humor is belangrijk voor ons. We wisselen de hele dag cynische opmerkingen en grappen met elkaar uit. Maar Rob en ik hebben ook heel veel meegemaakt. We hebben samen het verdriet om de dood van Yvette gedeeld, we hebben samen hoogtepunten beleefd bij Arsenal maar ook dieptepunten bij Inter en gaandeweg dat proces is hij mij vriend gaan noemen. Dat ging heel geleidelijk. "Hey, vriend." En dat is ook terecht. Wij zijn vrienden en ik vertrouw hem blindelings.'

Buiten is Rob Jansen inmiddels een beetje afgekoeld. Ergernissen over Manchester United hebben alweer plaatsgemaakt voor romantische voetbaldromen.

'Dennis, herinner jij je dat we het er weleens over hebben gehad om een club te kopen?'

'Jawel. Je bedoelt Cannes?'

Een paar jaar geleden deed Rob Jansen samen met onder anderen voormalig Feyenoord-voorzitter Jorien van den Herik en de Amsterdamse diamantair Benno Leeser een poging de Franse club AS Cannes te kopen, een overname waarin Dennis Bergkamp ook een rol zou spelen, net als Arsène Wenger en Patrick Vieira, maar die afketste op tegenwerking van de lokale overheid. Maar dit keer ging het anders.

'Het Wasserman-kantoor in Londen was enthousiast over mijn idee om een mooie club in League 1 te kopen. Ze stelden gelijk een investering van 10 miljoen Pond voor. En ze hadden ook al een club. Charlton Athletic. Lekker in Londen. Ze vonden het een superinteressant idee, maar dan alleen als er mogelijkheden zijn te bouwen op de grond van het stadion, er een hotel neer te zetten en dat soort zaken. Wij zouden dan het technische gedeelte doen. Jij, ik, Wim Jonk voor de jeugdopleiding, Henke Larsson als coach, Jordi Cruijff misschien erbij als technisch directeur, die had ook al interesse, misschien Phillip Cocu erbij. Ik doe de transfers. Leuk toch, Dennis?'

'Ja, ik denk het wel,' zegt Bergkamp, terwijl hij zijn schouders ophaalt. 'Ik heb nog nooit een voetbalclub gekocht.'

'Nee,' zegt Jansen, 'maar ik wel.'

Op een doordeweekse dag in 1998 werd er bij Rob Jansen in de Haagse Johan Maetsuyckerstraat aangebeld. Toen hij naar buiten keek, zag hij zijn vader voor de deur staan, nerveus.

Naast hem stond een lijkbleke John van Ringelenstein, de eigenaar van ADO Den Haag. 'Die komen niet voor de gezelligheid,' zei zijn vrouw Karin toen. 'Die komen voor geld.'

Amper plaatsgenomen aan de eettafel kwam het hoge woord er al uit. ADO stond op het punt van omvallen. Van Ringelenstein had er al miljoenen ingestoken, maar zowel zijn geld als zijn incasseringsvermogen was op. Er was niemand meer in Den Haag die in de club geloofde, er was niemand meer die zijn nek durfde uit te steken. Als er de volgende ochtend niet zou worden gestort op de rekening, zou die middag tijdens de bestuursvergadering de stekker eruit worden getrokken. Dan zou ADO – de club van Mick Clavan en Carol Schuurman en Theo Timmermans en Lex Schoenmaker en Aad Mansveld en al die anderen, opgericht in 1905 – niet meer bestaan.

'Het was de eerste en ook de laatste keer in zijn leven dat mijn vader mij om hulp vroeg,' zegt Rob Jansen. 'Toen-ie het bedrag noemde, moest ik wel even twee flessen wijn achterover slaan en een pakje Marlboro opsteken, maar toch heb ik ja gezegd. Daarna ben ik er vol voor gegaan, want dat is het als je een voetbalclub bezit: je doet het of je doet het niet. Dat heeft niets met koele cijfers of accountantsverslagen te maken, dat is puur emotie. Ik calculeerde in dat ik het geld nooit meer terug zou zien. De vraag was ook helemaal niet: doe ik het? De vraag was alleen: kan ik het hebben, in financieel opzicht? Het kon, dus deed ik het. Omdat ik gevoel had bij de club, maar vooral voor mijn vader.

De dag erna ging ik naar de bank en daarna door naar het Zuiderpark, voor de vergadering. Toen ik er parkeerde en dat stadion zag liggen met die lichtmasten, deed me dat wat. Mijn vader had er gevoetbald, Carol Schuurman en al die andere ADO-coryfeeën waren vrienden van de familie – om de een of andere reden schoot dat allemaal door mijn hoofd. Het emotioneerde me. Ik zal die wandeling van het parkeerterrein naar de bestuurskamer nooit meer vergeten. Eenmaal binnen werd ik door het bestuur met open armen ontvangen. Dat vond ik fijn, maar dat was een fout. Ik had een aantal mensen gelijk moeten wegsturen. Ze hadden namelijk maar één doel: mijn geld incasseren en me vervolgens weer afschieten. Ze hadden jarenlang zelf het beleid bepaald, en hoewel ze keer op keer hadden gefaald, zaten ze niet te wachten op een bijgoochem die het wel even allemaal kwam vertellen.'

Wat volgde was de meest hectische periode in zijn leven, zowel zakelijk als privé. Zijn huwelijk strandde, zijn kinderen ontspoorden, hij kwam alleen te wonen, vluchtte in werk, uitgaan, sigaretten en nog meer werk. Op zakelijk gebied kwam er voor het eerst tegenslag, al bleef hij wel altijd winst maken. De gewoonte om op sombere dagen zijn gemoed wat te verlichten met de aanschaf van een mooi horloge of een nieuwe set golfclubs kon hij zich nog steeds veroorloven, maar de grote euforie rond het bedrijf was voorbij. En bij ADO, de meest explosieve club van Nederland, kwam hij in een film terecht vol verraad, leugens, euforie, teleurstelling, combines, pijn en verbazing. Als hij over die periode in zijn leven praat, doet hij dat soms weemoedig en soms verbitterd.

Hij zegt dan dingen als:

'Een voetbalclub eet jou op. Iedereen die denkt dat-ie dat kan weerstaan liegt, of heeft er nooit in gezeten. Je komt in een cocon te leven, waarin andere wetten gelden. Ook ik leefde op adrenaline in die tijd. Ik herinner me een avond waarop we binnen, onder de hoofdtribune, met de rolluiken naar beneden aan de witte wijn zaten, terwijl buiten de supporters van Midden Noord het stadion aan het bestormen waren. Maar wij dronken gewoon door, tot het voorbij was. Het was een totaal krankzinnige situatie, maar dat hadden we zelf op dat moment helemaal niet meer in de gaten. Dat is wat een voetbalclub met je doet.'

en

'Ik deed het technische aspect en was er heilig van overtuigd dat ik ADO kon terugbrengen naar de Eredivisie. En dat is ook gelukt. Maar het was wel een lange, vermoeiende weg en een kortstondig succes, want een jaar later degradeerden we weer, om een jaar later ook weer terug te komen. Uniek. Ik weet nog dat ik Wim Jansen vroeg om naar onze eerste oefenwedstrijd te komen kijken, want ik heb een groot vertrouwen in zijn voetbalvisie. Toen ik vroeg wat ik volgens hem moest doen om dit elftal terug te brengen naar de Eredivisie, zei Wim: "Je hoeft maar één ding te doen: alle elf spelers verkopen." Normaal is hij niet zo van de grappen en grollen, maar toen kwam ik niet meer bij.'

en

'Het werken bij ADO was onwijs spannend. Het met z'n allen toeleven naar zo'n wedstrijd is heel verslavend. En de ontlading daarna ook. Je leeft in een tunnel en dat is soms best fijn. Maar ADO is ook pijn en teleurstelling. Niet alleen bij mij, ook bij John van Ringelenstein, een ontzettend fijn, warm mens. Die is er bijna aan onderdoor gegaan. En hoewel ik het zelf al zag aankomen, heb ook ik er onder geleden. Voetbalclubs geven verdriet. Als je met je terminaal zieke vader op de tribune zit en heel Midden Noord scandeert "Jansen neem je kankerzooi mee", dan is dat niet fijn. Uiteindelijk werd er een coup gepleegd en was mijn rol uitgespeeld. Mijn vader vond het vreselijk. Hij overleed uiteindelijk toen het nieuwe stadion net open was. De eerste officiële happening die er is gehouden, was uitgerekend zijn herdenkingsdienst. En dat was ook gelijk mijn afscheid van de club. Ik heb er nog steeds een box, maar ik kom er zelden. De laatste jaren gaat het beter dan vroeger, maar nog steeds komt er een rotgevoel bij me boven als ik dat stadion binnenstap en bepaalde mensen zie.'

en

'De voetballerij levert zoveel wonden op, daar hebben buitenstaanders geen idee van. Zij zien alleen de mooie kant. Of mensen zeggen: zeurpiet, je bent toch ook miljonair geworden dankzij het voetbal? Heel erg Nederlands is dat. Mensen denken hier altijd dat geld alles goed maakt. "Hij heeft toch genoeg?" hoor je dan. Ja, maar hij is wel heel erg verdrietig. En weet je wat ze dan zeggen: "Nou ik wou dat ik zo verdrietig was..."

★

Soms ligt Rob Jansen wakker van zijn werk en tegenwoordig is dat negen van de tien keer vanwege 'de zaak Kongolo' die nu al maanden speelt en die veel meer energie van hem vreet dan hij zou wensen.

'De zaak Kongolo' is een zich voortslepende en steeds harder wordende strijd tussen hem en de voormalig zaakwaarnemers van Terence Kongolo. Zij beweren dat Jansen hun speler van hen heeft afgepakt. Jansen bestrijdt dit en zegt dat Kongolo aan niemand exclusief verbonden was op het moment dat hij het contract bij zijn vorige zaakwaarnemer had opgezegd. Ondanks een handtekening onder een tweede document dat het tegendeel beweert, want die is volgens Jansen en zijn juridische team zo vals als maar kan. Er vinden regelmatig sessies plaats onder leiding van Harro Knijff, de trouwe steunpilaar van het juridische team.

Het is een gevecht dat zich grotendeels in de coulissen

van het voetbal afspeelt, waar dingen gebeuren die het grote publiek ontgaan, waar geen trainers maar advocaten het voor het zeggen hebben, batterijen aan advocaten die elkaar voor allerlei tuchtcommissies en sportrechtbanken bestrijden, vaak met een fanatisme waarvan de oorzaak moet worden gezocht in de miljoenenbedragen die ermee gemoeid zijn.

Rob Jansen transfereerde Kongolo plotseling en in het diepste geheim voor 15 miljoen naar Monaco. Zijn voormalig zaakwaarnemers zagen daarmee een gigantische commissie aan hun neus voorbij gaan. Vandaar dat ze zo vasthoudend zijn. Er is al een onvriendelijke maar voor Jansen wel succesvolle zitting van de ethische commissie van KNVB geweest.

Jansen heeft zich sterk bedreigd gevoeld na afloop van de zitting in Zeist, maar dat hij ervan wakker ligt is niet van angst, maar van ergernis. 'Mijn leven lang heb ik geprobeerd mijn vak een opwaardering te geven. Ik heb bonden opgericht, ik heb werkgroepen in het leven geroepen, ik heb mijn hele leven lang gezocht naar een manier om het kaf van het koren te scheiden in mijn wereld. Ik heb mijn steentje bijgedragen aan een betere regelgeving, aan een keurmerk, aan meer transparantie en minder achterkamertjesgedoe, aan het terugbrengen van de uitwassen in onze branche. Maar misschien moet ik nu wel tot de conclusie komen dat het allemaal is mislukt. Kijk hoe mijn vak eraan toe is: elke banketbakker kan nu gaan proberen een vleugelspits aan Real Madrid te verkopen. De regelgeving die ik hoopte aan te wakkeren, is nu helemaal verdwenen. Iedereen kan zijn gang gaan. En daarmee neemt de verharding toe. Maar misschien is dat ook wel onvermijdelijk. De bedragen waar het tegenwoordig om gaat, de belangen die er achter transfers en overnames schuilgaan, die zorgen ervoor dat deze wereld steeds meer en ook steeds grotere criminelen aantrekt. Daar kon je op wachten.'

Het is het lot van Rob Jansen dat hij voortdurend heen en weer wordt geslingerd tussen zijn diepgewortelde liefde voor het spel en zijn in bijna veertig jaar gekweekte afkeer van de wereld eromheen. Een paar weken eerder, in een uitzinnige Kuip, is zijn stemming bijvoorbeeld heel anders. Dan toont het voetbal zijn mooie kanten en is er even geen ruimte voor cynisme of doemdenken.

Het is dan zondagmiddag 14 mei 2017, één minuut over half drie in Rotterdam-Zuid. De Kuip trilt tot in het diepst van haar voegen. Dirk Kuyt heeft zojuist de score geopend in de kampioenswedstrijd van Feyenoord tegen Heracles. Op de tribunes wordt iedereen gek. De wedstrijd is nog geen minuut oud, maar veel mensen beginnen al te huilen. Op de eerste ring heeft Rob Jansen een mouw van zijn overhemd omhoog getrokken. Hij wijst hij op zijn onderarm, schreeuwt: 'Kijk dan!' en toont zijn kippenvel. Daarna begint ook hij een paar keer flink te slikken.

Wanneer Jansen spreekt over de wereld waarin hij groot is geworden, drukt hij zich acht van de tien keer cynisch uit en de negende keer is hij boos. Het is maar sporadisch dat je hem ziet genieten van zijn succes. 'Ik ben er altijd goed in geweest de shit in mijn leven te benadrukken en het succes te bagatelliseren,' zei hij een keer. 'Dat is een slechte eigenschap. Het zal wel iets te maken hebben met mijn vader. Ik heb altijd het idee gehad dat ik me aan hem moest bewijzen, maar dat ik faalde. De lat lag hoog, bij ons thuis. En je had eigenlijk altijd het idee dat je hem teleurstelde. Misschien was het niet zo, maar zo voelde het wel. Complimenten heb ik ook altijd gewantrouwd. Dat heeft daar ook mee te maken.'

Maar nu overheerst toch de euforie, de oprechte vreugde om een grote sportprestatie van een van zijn trouwste spelers. Maandenlang had hij achter de schermen gesprekken gevoerd met Kuyt en zijn familie, constant hamerend op het belang om op tijd afscheid te nemen, om zich rustig te houden in de media op de momenten dat Van Bronckhorst hem op de bank liet zitten, om de landstitel als enige doel voor ogen te houden.

En nu het eenmaal zo ver is, is hij ontroerd.

Als hij is bijgekomen van de emoties, zegt hij: 'Soms heb je van die gesprekken waarbij je voelt: ja, nu dringen we echt door tot de kern. Dat was zo op de avond dat ik samen met Esther bij de familie Kuyt op bezoek was om de toekomst van Dirk te bespreken. Dat was een heel emotionele gebeurtenis, waarbij er door Gertrude ook wel een paar traantjes zijn gelaten, maar waarbij we uiteindelijk tot de beslissing zijn gekomen dat het beter is om te stoppen. Esther heeft daarin ook een grote rol gespeeld, zoals ze lange tijd bij elke transfer betrokken was.'

Hij is per ongeluk terechtgekomen in een deel van het stadion dat hij niet kende, in een box van een totale wildvreemde waar hij desondanks met veel enthousiasme naar binnen werd getrokken. Normaal gesproken kijkt Rob Jansen voetbalwedstrijden op zijn mega-televisie thuis of vanaf de ereterrassen in de grote Europese stadions. Hij is gewend het voetbal te beschouwen vanachter het emotie filterende plexiglas van de skyboxen, maar hier is alles nog puur en rauw en heeft hij bij zijn tweede stap over de drempel al een glas bier en een kaassoufflé in handen. Opeens staat hij niet meer met een stropdas tussen de buitenlandse shareholders die vanaf het pluche komen checken hoe hun investering erbij staat, maar tussen echte voetbalsupporters, mensen voor wie Feyenoord een religie is. Tot de nok toe is deze ruimte gevuld met bloednerveuze Rotterdammers die achttien lange jaren op de titel hebben moeten wachten. Daarom gieten de mannen zich nagelbijtend vol bier, en hebben de vrouwen al bij de warming-up tranen in de ogen van spanning en emotie. Rob Jansen krijgt een plekje vooraan aangeboden en zit net op een gammele klapstoel met een glas in de hand, als Dirk Kuyt al scoort en De Kuip laat ontploffen. Tien seconden later hangt er een wildvreemde Rotterdammer om zijn nek. En daarna nog een.

Na afloop van de wedstrijd, een verdieping hoger. In de box

van de familie Kuyt is het stampvol. Ook hier veel huilende mensen. De stemming is uitzinnig, euforisch. Dan gaat de deur open en komt de held van de middag zelf binnen. Hij heeft zijn voetbalschoenen nog aan, zijn lijf dampt na van de wedstrijd. Om zijn hals glimt de kampioensmedaille. Hij kust langdurig zijn vrouw. Mensen beginnen te klappen. Weer schieten er een paar vrouwen vol. Dan loopt hij glunderend op Rob Jansen af. Hij kletst hard met zijn natte lichaam tegen hem aan en omhelst hem innig en lang.

'Gefeliciteerd, jongen.'

'Bedankt voor alles, Rob.'

Niemand hier weet het nog, maar Kuyt heeft zojuist zijn laatste wedstrijd als profvoetballer gespeeld. Jansen heeft hem ervan weten te overtuigen dat er geen beter moment zou zijn om te stoppen dan na de kampioenswedstrijd van Feyenoord. Vaak haalde hij daarbij zijn vader aan als voorbeeld van iemand die te lang was blijven zitten en daarmee niet het einde kreeg dat hij verdiende.

Eenmaal omstrengeld fluisteren ze een paar onverstaanbare dingen tegen elkaar. Als Kuyt loslaat zitten er grassprietjes en grote zweetvlekken op het overhemd van Rob Jansen. Ook kun je in zijn ooghoek een traan zien opwellen.

'Zolang voetbal nog een bepaalde emotie bij mij teweeg weet te brengen, kan ik prima functioneren in deze rare wereld,' zegt Jansen op het einde van de avond. 'Pas wanneer ik dat kwijtraak, ben ik uitgespeeld. Zonder die emotie ben ik mezelf niet meer. Ik word soms afgeschilderd als een harde man, maar dat valt echt wel mee. Ik ben juist heel snel geraakt. Mijn emotie is mijn kracht en mijn zwakte tegelijk.'

Een paar weken later. Het is vrijdagochtend, half tien. Hij is net wakker, maar desondanks draait de Rob Jansen-show al op volle toeren. Aan de keukentafel becommentarieert hij het nieuws in de krant. Hij kan zich snel opwinden. Niets krijgt hem zo kwaad als de kansloze plannetjes van 'softe linkse politici'. Als hij zich uitdrukt op een manier die hij achteraf ongepast vindt, voegt hij er vaak aan toe: 'Vergeet maar dat ik dat gezegd heb, want anders heb ik straks weer 12 PvdA-protestgroepen voor mijn deur staan'.

De stemming klaart danig op wanneer hij bij het sportkatern is aanbeland. Hij knikt tevreden naar een bericht met als kop *Nuytinck naar Udinese*. 'Dat hebben die jongens knap gedaan,' zegt hij.

Maar dan gaat de telefoon. Althans, het scherm begint te flikkeren. Jansen begint weer als een gek te swipen. 'Er is iets met dat toestel niet goed.' Na twintig keer proberen, is het net op tijd raak. Het is Michael vanuit Italië. Hij klinkt gestrest. Er mag dan van alles in de krant staan, het contract van Nuytinck is nog helemaal niet getekend. De Pozzi's zijn op de valreep gek gaan doen. Afspraken waren plotseling vergeten of verkeerd verstaan, afgesproken bedragen bleken eenmaal op papier plotseling gehalveerd. 'Dit kan echt niet,' zegt de jongste Jansen een paar keer.

Tijd voor de vader om in actie te komen.

'Aha,' zegt hij tussen twee happen van zijn cracker door, 'de oude truc. Luister, maak je geen zorgen. Rustig, Mike, relax. Dit is wat je nu doet. Je stelt eerst de speler op zijn gemak. Ja? Dat is het belangrijkste. Zeg dat je het gaat oplossen voor hem, straal rust uit, dat slaat ook over op hem. Oké. Luister goed wat ik zeg: vanaf nu praat je alleen nog met die voorzitter, met niemand anders meer. Je gaat nu naar hem toe en je zegt dat je vanmiddag samen met de speler naar huis vliegt als dit niet heel snel, laten we zeggen voor vier uur vanmiddag, ik zeg maar wat, wordt opgelost. Daarna neem je die jongen mee en gaan jullie ergens lunchen, lekker in de zon met een grote fles witte wijn erbij. De andere makelaars die rond deze transfer hangen stuur je allemaal weg. Je zegt dat je even alleen moet zijn met de speler. En dan ga je gewoon wachten. Mijn voorspelling is dat het nog voor het hoofdgerecht is opgelost.'

Een paar uur later verschijnt er een bericht op de twitterpagina van Wasserman. Daarin zie je Joost Ebergen en Michael Jansen samen met Bram Nuytinck op de grasmat van Stadio Friuli, strak in het pak en stralend van oor tot oor, toastend op hun succes.

★

-Jij vindt dat de kunst van het onderhandelen wordt onderschat in het voetbal, toch?

'Ja. Zeker als je wereldwijd werkt. Dan moet je specifieke

kennis hebben om te kunnen slagen. Je moet weten dat bij de Italiaanse clubs de beslissingen vaak op de achtergrond worden genomen door raadgevers – *consiglieres* – en dat het er heel anders gaat dan in bijvoorbeeld Japan of Zuid-Amerika. En dan heb ik het nog geeneens over een opkomende markt als China. Het minste wat je kunt doen is erkennen dat het verschil bestaat en er naar proberen te handelen.'

-Hoe dan?

'Door je te verdiepen in de mensen met wie je aan tafel gaat. Maar soms ook door je juist terug te trekken. Ik doe bijvoorbeeld geen transfers in Azië. China, Japan, dat soort landen: dan laat ik mijn broer gaan. Ik ben iemand die gelijk tot zaken overgaat. Ik ben niet geschikt om eerst dagenlang de boel te masseren voordat we eindelijk *to the point* kunnen komen. Maar zo gaat het nu eenmaal in het Verre Oosten. Ik kan proberen die hele cultuur in mijn eentje te veranderen, wat nooit gaat lukken, of ik kan me aanpassen door Kareltje te sturen. Die is daar goed in. Karel kan rustig in Shanghai drie dagen zouteloos gaan zitten praten met de neef van de buurman van de speler als dat nodig is, of in Tokio eerst urenlang rauwe vis eten en saké drinken en de vakantiefoto's van de voorzitter bekijken en daarna de kleinkinderen ontmoeten en al die andere dingen die daar vaak vooraf gaan aan het zakelijke gesprek. Ik niet. Heb ik het geduld niet voor. Ik wil geen saké, ik wil geen vakantiefoto's, ook geen kleinkinderen, ik wil gewoon een goede deal maken, en weer door naar de volgende. De details, daar bemoei ik me niet mee.

Ik ben een dealmaker. Mijn broer is de drogist van de twee. Karel is een Pietje Precies. Een ontzettend vasthoudende onderhandelaar. Die begint bij het rondmaken van een transfer van tien miljoen euro rustig nog over het benzinepasje voor de speler. Daar zit Kareltje absoluut niet mee. Karel is een uitstekende onderhandelaar, maar hij gaat door tot aan de cadeaubon. Als hij met de clubs onderhandelt dan hebben ze op het eind geestelijke bijstand nodig. Ik dreig altijd voor de grap hem erbij te halen als clubs moeilijk gaan doen tijdens onderhandelingen. 'Kijk uit hoor,' zeg ik dan, 'anders stuur ik de volgende keer die kleine langs.'

*

'Ik werd vanochtend om zeven uur uit mijn bed gebeld,' zegt Rob Jansen aan de telefoon, en als je goed luistert kun je aan de andere kant van de lijn de schrik nog in zijn stem horen. 'Karel heeft een hartaanval gekregen. Hij is vannacht al geopereerd. Drie stents. Ik ben me rot geschrokken.'

Wanneer Rob Jansen over zijn drie jaar jongere broer praat, gebeurt dat meestal in de verkleinvorm. 'Kareltje', of anders: 'die kleine'. Hij kan geen tuincentrum passeren, of hij moet een opmerking maken over de bescheiden lengte van zijn broer, meestal in de vorm van een grap over een puntmuts, een vijver en een hengel, en toen hij op weg naar huis een keer over de Plesmanweg reed, zei hij 'Kareltje woont tegenwoordig ook in Scheveningen, wist je dat?' en wees toen op Madurodam.

Maar nu is zijn toon anders, en worden er even geen grappen gemaakt. Hij is geschrokken.

'Karel is net als ik. Een binnenvetter, een stresskip. Als wij ons ergens in vastbijten, gaan we er helemaal voor. Karel vecht voor zijn spelers, tot ver achter de komma. Ook hij kan het niet loslaten. Dat hebben we van huis uit meegekregen. Mijn ouders waren ook altijd aan het werk. We weten niet beter.'

Zoals zijn vader hem ooit het vak in trok, zo trok hij later zijn broer mee. 'Mijn broer is een geboren journalist. Hij was chef van een heel getalenteerde generatie jonge sportjournalisten bij het *Haarlems Dagblad*, werkte later voor de GPD. Hij ging naar de Olympische Spelen en schreef daar heel mooi over, en nu zit hij de hele dag aan de telefoon te onderhandelen over de kilometervergoeding van een linksback bij Vitesse. Soms voel ik mij daar schuldig onder. Karel is goed in zijn werk, maar ik heb niet het gevoel dat hij heel gelukkig is. De welvaart zal hem in dit vak houden, maar eigenlijk is hij een geboren journalist. Misschien heeft dat ook allemaal meegespeeld bij wat er nu is gebeurd. Al zullen die twee pakjes sigaretten per dag ook niet hebben geholpen.'

Zelf zit hij intussen ook niet stil. 'Ik ben nog steeds bezig om Kalinic naar Everton te halen. En als dat niet lukt, gaan we proberen Diego Costa te huren van Chelsea. Voor de linksbackpositie is ons oog nu gevallen op die jongen van Hoffenheim, die deed het gisteravond uitstekend tegen Liverpool. Ook voor hem zijn mijn mensen sinds vanochtend bezig. Hij wordt van top tot teen gecheckt.'

Intussen werd hij zelf gebeld door het management van een Champions League club. Dit keer met het vriendelijke verzoek om toch eens in de Amsterdam ArenA te checken hoe ze daar stonden tegenover een transfer van Kasper Dolberg, de Deense groeibriljant van Ajax en het grootste talent van de Eredivisie. Via diens eigen zaakwaarnemer kwamen de Fransen niet ver, en voor Rob Jansen is dit weinig moeite, want de lijntjes zijn kort. Zowel directeur voetbalzaken Overmars als algemeen directeur Edwin van der Sar als cultuurbewaker Dennis Bergkamp kent hij als zijn broekzak.

Het enige voordeel: hij hoeft niet meer naar de uitreiking van de Nationale Business Succes Award, want die verkiezing bleek van A to Z nep te zijn – wat te zien was op televisie, toen Bert Kuizenga en zijn ploeg door het VARA-programma *Rambam* werden ontmaskerd. Ook is er besloten de schikking te accepteren die FC Twente voorstelde in de hangende arbitragezaak. Niet omdat Jansen geen vertrouwen heeft in een uitspraak, maar omdat hij er vanaf wil zijn, zegt hij. En hij krijgt al het geld waar hij recht op heeft, ook niet onbelangrijk.

Zelfs over de nabije toekomst van Daley Blind hoeft hij zich even geen zorgen meer te maken. Besloten is de zaak niet langer op de spits te drijven en de voetballer de kans te geven zich helemaal te focussen op zijn spel. Maandenlang heeft Jansen zich het hoofd gebroken over deze zaak, ontelbare telefoongesprekken gevoerd, regelmatig om de tafel gezeten met de speler en zijn vader Danny, die hij al in de VVCS-tijd begeleidde. Het is allemaal vergeefse en onbetaalde moeite geweest, het lijkt zelfs alweer lang geleden. Daley Blind speelt inmiddels weer op regelmatige basis bij United, en Everton is allang op zoek naar een andere verdediger.

En dan kwam er nog een ander opmerkelijk telefoontje uit Engeland. 'Ik kan de naam van de club niet noemen, maar het was in elk geval niet Everton. Ze vroegen om een *second opinion* bij een transfer. Die club dacht een akkoord te hebben met een Italiaanse club over de komst van een speler uit de Serie A. Grote jongen, grote club, serieuze bedragen. Maar sinds vanochtend verscheen er opeens een meneer op het toneel die zei dat er door de speler geen handtekening zou worden gezet zolang er niet ook zaken met hem was gedaan. Met andere woorden: hij wilde geld. Die Engelse club heeft mij nu gevraagd de boel te onderzoeken, en wat er waarschijnlijk aan de hand is, is dit: deze verder volslagen onbekende meneer die zich nu opwerpt als spelersagent, is gelieerd aan een partij rond de club waar je liever geen koffie mee drinkt. Waarschijnlijk heeft die groepering ooit het bestuur van de club bij een van hun zaakjes weten te betrekken, waardoor ze de boel nu kunnen chanteren. Ze hebben in elk geval op de een of andere manier macht vergaard. Die groep heeft bepaald dat er bij grote transfers telkens iemand tussen de partijen moet worden geschoven, die dan een deel van de winst opeist. En als dat geld eenmaal binnen is, wordt het gedeeld met de partij die in de club zit en die ervoor zorgt dat er volgende keer weer iemand tussen wordt gewrongen. Het is een van de vele vormen van voetbalcorruptie die zichzelf zo in stand houdt.'

Hij zucht.

'Nee, er is genoeg te doen. Vanochtend zat ik alweer met Harro Knijff aan de pleitnota te werken voor het vervolg in de Kongolo-zaak. Dat gaat ook gewoon door. En ik probeer te bemiddelen in een conflict tussen Vitesse en NEC over de transfer van Ferdi Kadioglu. Maar nu ga ik eerst naar het ziekenhuis, Karel opzoeken.'

Even later kun je hem druk bellend in zijn Porsche zien stappen. Er is altijd wel ergens op de wereld een voetballer die zijn aandacht nodig heeft, of een voorzitter die zijn medewerking wil, of een kantoorgenoot die geholpen moet worden. De schatting is dat Wasserman Netherlands deze transferperiode verantwoordelijk is voor een omzet van rond de honderd miljoen euro. Soms via direct transfers, zoals die van Kongolo van Feyenoord naar AS Monaco of die van Vlasic van Hajduk Split naar Everton, en soms via indirecte transfers, bijvoorbeeld toen Jansen de problemen gladstreek die waren ontstaan tussen Swansea City en Everton rond de overgang van Gylfi Sigurdsson.

Het merendeel van die zaken is per telefoon afgehandeld, grotendeels achter de schermen, buiten het zicht van de pers en het voetbalpubliek, op een markt die constant in beweging is en die maar voor een heel klein deel valt te voorspellen.

Nog geen 48 uur nadat hij in zijn Porsche is gestapt voor een bezoek aan het ziekenhuis, ziet de wereld er alweer heel anders uit. 'Kalinic komt niet,' zegt hij aan de telefoon. 'Hij heeft op de valreep gekozen voor AC Milan. We gaan nu vol voor Diego Costa. Dinsdag vlieg ik naar Londen voor overleg. Costa is in conflict met Chelsea. Hij wil naar Atlético Madrid, maar die hebben een transferban tot januari. Als ik een constructie kan verzinnen met Mendez en de eigenaren van Everton, en de speler wil liever een halfjaar voetballen bij Everton dan op de bank zitten bij Chelsea, dan is Everton even uit de brand, heeft Koeman zes maanden langer om een spits te zoeken en gaat Costa na dat halfjaar alsnog naar Atlético. Het zou een stunt zijn als het lukt. En anders proberen we Jiménez van Benfica te kopen, voor 40 miljoen. Giroud is opeens ook weer in beeld, dus dat project wordt ook weer opgestart. Zo blijven we lekker in beweging met z'n allen.'

*

-Jij acht het voor Kasper Dolberg beter om bij Ajax te blijven, omdat hij nog niet klaar is voor een buitenlandse topclub.

'Klopt.'

-En toch zou je meewerken aan zijn vertrek.

'Ja. Maar dat moet je zakelijk zien. Ik ben niet zijn manager. Als een club mij inhuurt om te bemiddelen in een transfer, doe ik gewoon mijn werk.'

-Maar je helpt dan dus de club aan een speler die er volgens jou nog niet aan toe is.

'Klopt ook. Maar dat is het bikkelharde in onze wereld. Ik draag geen verantwoordelijkheid voor de loopbaan van de speler, maar ook niet voor het technisch beleid van de club. Ik kijk daar heel klinisch naar. Ik heb gezegd dat ik het verstandiger acht dat de speler nog een jaartje rijpt in de Eredivisie, maar het is aan de buitenlandse club om daar een beslissing over te nemen. Misschien zien ze in hem wel een investering voor de toekomst.'

-En intussen adviseer je ook Edwin van der Sar, de man die bij Ajax uiteindelijk bepaalt of Dolberg weggaat.

'Nou, adviseer... Ik praat met hem, ja. En hij vraagt mijn mening. En dan geef ik nog antwoord ook. Dat mag toch?'

-Van mij wel.

'Nee, oké.'

-En wat heb je gezegd over de situatie Dolberg?

'Dat ik me voor kan stellen dat Ajax, door de slechte resultaten in Europa, het zich kan veroorloven zijn beste spelers te verkopen en dat ze dus ook niet koste wat kost aan Dolberg blijven vasthouden, alleen voor de Nederlandse competitie. Dat ze, zoals ze Sánchez ook verkochten voor 40 miljoen, een bod van 30, 35 miljoen op Dolberg niet laten lopen. En dat dit ook best is uit te leggen aan de supporters, als je Klaas-Jan Huntelaar achter de hand hebt. Maar uiteindelijk ga ik er niet over.'

-Het scheelt anders niet veel.

'Je overdrijft.'

*

Het is dinsdagochtend, middenin de transferwindow, het waait in Scheveningen en opeens druppelen er dikke tranen op het zand. 'Gek hè?' zegt Rob Jansen een ogenblik later, als hij zijn wangen heeft gedroogd met de mouw van zijn jack, 'het is bijna achttien jaar geleden dat Yvette overleed, maar ik kan nog steeds om haar huilen. Dat heb ik niet bij mijn vader, niet bij mijn moeder, van wie ik allebei heel veel hield, maar alleen bij haar.'

Aan de vloedlijn is een jongentje verstrikt geraakt in zijn eigen vliegertouw, op zee wachten een paar vroege surfers al dobberend op een golf. Verder is het stil op het strand, precies zoals Rob Jansen het graag heeft. Wanneer het hem allemaal een beetje te veel dreigt te worden, wanneer hij het idee krijgt dat zijn hersenen frisse wind nodig hebben, dan trekt hij als Haagse jongen automatisch hier naartoe: de duinen in en het strand op. Soms wandelt hij wel drie uur lang in zijn eentje over het zand – intussen telefonerend met half Europa, dat wel.

Maar nu staat de telefoon op stil en zegt hij: 'Het overlijden van Yvette is een van de allerergste dingen die me is overkomen. Het is een mega-klap geweest en het heeft heel lang geduurd voordat ik daar overheen was. Het verdriet dat ik voel wanneer ik aan haar dood denk, overtreft het verdriet dat ik over mijn ouders of wie dan ook voel. Ze was 29 jaar toen ze overleed. We deelden alles samen, we waren man en vrouw zonder getrouwd te zijn en zonder het bed te delen. Als ik haar zag, was ik dolgelukkig. Ze voelde mij perfect aan en hield me in de hand als ik dreigde uit de bocht te vliegen. En ze was supergoed in haar vak. Ze heeft samen met mij het bedrijf gebouwd. Ze was de eerste vrouw in de voetbalwereld die zo'n positie innam en werd door iedereen direct geaccepteerd. Ze had zelf tophockey gespeeld, was getrouwd met een man die als hockeyer de Olympische Spelen had gehaald, dus ze snapte hoe topsporters in elkaar zitten. Toen we afscheid van haar moesten nemen in Tilburg, zat de hele kathedraal ook vol voetballers. Al die jongens waren dol op haar, en ze waren er ook allemaal. Dat was heel mooi om te zien.

Het gebeurde op een trip naar Engeland. We zouden Wim Jong in Sheffield en Dennis Bergkamp in Londen bezoeken. Op Schiphol kreeg ze vreselijk pijn in haar gewrichten. Ik zei dat ze beter naar huis kon gaan, maar ze beet door en stapte toch in het vliegtuig. Eenmaal in Engeland werd het steeds erger. We sliepen in het Dorchester Hotel in Londen, daar heb ik een arts laten komen. Die zei: 'ga maar in een warm bad liggen'. Ja, wist die man veel dat het leukemie was? We zijn eerder teruggekeerd naar Nederland, want de pijn was niet meer te houden. Ze is naar huis gegaan en nooit meer op het werk teruggekomen. Zes maanden later was ze overleden. Niet te bevatten, het verdriet dat me toen overspoelde. Ik was echt helemaal naar de klote.

Acht jaar later overleed ook haar man Erik. Kanker, net als zij. Ik ga nog steeds om met haar moeder Marjos en haar broer Didier, zoals ik ook deed met haar vader Jip voordat die een paar jaar geleden overleed. En als we het dan over Yvette hebben, en wat we allemaal samen hebben meegemaakt en doorstaan, dan kunnen wéér de tranen in mijn ogen staan. Het verdriet is nooit helemaal verdwenen. Ik denk ook nog vaak aan haar. Op heel veel plekken en stadions waar ik nog steeds kom, was ik voor het eerst met Yvette. Dat brengt automatisch veel herinneringen boven. Alleen in het Dorchester ben ik nooit meer terug geweest. Het is een van de mooiste hotels ter wereld, maar al moet ik buiten in de regen op een stukje karton slapen: ik zet er nooit van mijn leven meer één stap over de drempel.'

Eenmaal terug in zijn huis gaat het geluid van de telefoon weer aan en heeft Rob Jansen al voor het douchen drie internationale gesprekken afgewikkeld. Alledrie waren ze afkomstig uit Cyprus en hadden ze te maken met Mario Been, die als nieuwe trainer van APOEL tegen zijn eerste nederlaag is opgelopen. Rob voelt aan zijn water dat de zaak Been nu even aandacht nodig heeft, al is het op afstand.

Een dag eerder was er bij Rob Jansen een merkwaardig telefoontje uit Nicosia binnen gekomen. Een hem totaal onbekende man claimde dat hij een insider was bij APOEL en wees hem erop dat Mario Been er beter aan zou doen om Lorenzo Ebecilio niet meer op te stellen. En of hij dat als zaakwaarnemer even wilde doorgeven. De tegenwerping dat Ebecilio in topvorm stak en een van de betere spelers van het elftal was, liet Jansen maar achterwege. Hij kende dit soort telefoontjes.

'Waarschijnlijk moet er een vriendje van de voorzitter spelen en staat Ebecilio op zijn plaats. Maar Mario is een Nederlander: die stelt gewoon de elf beste spelers op. Dat zijn ze daar niet gewend. Meestal is dit een voorbode, ik ken dit mechanisme. Gelukkig heb ik zijn contract tot ver achter de komma dichtgetimmerd, met bankgarantie en al, want als ik het zo hoor heeft hij daar niet lang meer. Hij is amper zes weken bezig, maar dat maakt ze daar niet uit. Op Cyprus zetten ze je dan lachend weer op straat als ze daar zin in hebben.'

Hij zucht. Morgen vliegt hij voor een paar dagen naar Zuid-Frankrijk. Voor die tijd moet er nog veel gebeuren. Er staat onder andere een internationale conference call met wat voetbalmensen in Europa op het programma. 'Ik zal geen namen noemen, maar het is meestal een groepje van vier, vijf man dat info uitwisselt over de topclubs in Europa. Het merendeel is agent, al zitten er soms ook technisch directeuren tussen. Zo'n conference call levert bergen info op. Je hoort wat de technische leiding van Paris Saint-Germain van plan is de komende weken, je hoort welke spelers mogen vertrekken in de Serie A, je hoort in grote lijnen wat er de komende transferperiode bij de grote clubs gaat gebeuren. Vooral dat laatste is belangrijk, want daar begint de markt. Als de grote clubs gaan bewegen, beweegt de rest ook. Iedereen heeft zijn contacten en brengt wat info in. Niet alles, want iedereen heeft ook zijn eigen agenda, maar zo veel mogelijk. Het is heel bruikbare info. Ik schat dat 80 procent waar is.'

De volgende morgen. 'Er is echt iets niet goed met die telefoon van mij,' zegt hij. Normaal gesproken belt hij Theo Booms voor dit soort klussen, maar die heeft even iets anders aan zijn hoofd. Vanochtend vroeg stond er onaangekondigd bezoek voor de deur van het kantoor. Om tien uur, toen hij zelf zwetend op zijn crosstrainer in het souterrain van zijn huis zat, meldden zich in het Hilton een hulpofficier van Justitie, twee deurwaarders, een IT-specialist en een slotenmaker, in het geval er niet zou worden opengedaan. Op hetzelfde moment viel er in De Kuip bij Feyenoord eenzelfde eenheid binnen. Op beide adressen werd gezocht naar papieren aangaande de zaak Kongolo. 'Wat ze zoeken – een schriftelijke overeenkomst tussen mij en Monaco over een fee – bestaat helemaal niet, dus wat dat betreft gaan ze hun gang maar, al begint het allemaal wel bizarre vormen aan te nemen. De hele actie is geïnitieerd door de advocaat van Kongolo's voormalige zaakwaarnemers, uit wantrouwen dat we wellicht stukken zouden achterhouden voor de aankomende arbitragezaak. De verbetenheid waarmee de andere partij in aanloop naar de zitting iedereen probeert te intimideren, is schrikbarend.'

De telefoon gaat. Een Cypriotisch nummer. 'Dat gaat niet helemaal lekker daar in Nicosia,' zegt Jansen, maar hij kan swipen wat hij wil, er gebeurt helemaal niets.

'Pak je jas,' zegt hij, 'we gaan een nieuwe telefoon halen, want hier kan ik niet tegen.' Even later staat hij op een Haags bedrijventerrein in een loods en overhandigt zijn telefoon aan Mark, de eigenaar van een telefoonwinkel die hij jaren geleden bij toeval leerde kennen. 'Hij is de enige die aan mijn toestel mag komen. Er staan meer dan tweeduizend nummers in. En contracten die zeer vertrouwelijk zijn. Als die in verkeerde handen vallen, kan ik wel ophouden. Hij is de enige die ik vertrouw bij het omzetten van al mijn gegevens naar een nieuw toestel. Zie je? Zo paranoia word je nou van mijn wereld.'

★

-Erger jij je nooit aan het gedrag van voetballers?

'Tuurlijk wel. Niet altijd, maar soms wel.'

-Wanneer dan?

'Ik kan me storen aan de inhaligheid die je soms ziet. Met name bij jonge spelers. Het niet tevreden kunnen zijn. Het altijd maar meer, meer, meer willen hebben. Daar kan ik slecht aan wennen.'

-Je zult wel moeten.

'Nee hoor. Ik heb tijdens een contractbespreking in het buitenland weleens een speler van me apart genomen op de gang. Dan vroeg ik: "Jij gaat nu twee miljoen euro per jaar verdienen. Netto. Waarom moet de club dan ook nog per se jouw vader in dienst nemen, voor een of ander nepbaantje, tegen een waanzinnig salaris?" Of ze eisen in het buitenland, naast hun standaard auto van de sponsor, nog een extra auto van de club. En als ik vraag waarom, dan is het antwoord: "Omdat ik dat in Nederland ook had." Daar word ik gek van. Dan zeg ik: "Ga maar lekker terug naar Nederland dan, want dit ga ik niet vragen. Daar geneer ik me voor. En jij moet je ook schamen, dat het überhaupt in je opkomt." Maar dat is Nederland, hè?'

-Hoe bedoel je?

'Het enige land ter wereld waar noodlijdende voetbalclubs benzinepasjes uitdelen aan multimiljonairs die amper hun rijbewijs hebben.'

De volgende dag. Er zijn controles rond Schiphol. De Marechaussee staat met machinegeweren op de vluchtstrook. 'Volg Schiphol Oost,' zegt Jansen, 'dan omzeilen we de rest van deze film'. Hij weet hier de weg, want hij woont hier bijna.

Wat hij al voorvoelde, is vanochtend inderdaad gebeurd: Mario Been is ontslagen. Zes weken en één nederlaag in de voorronde Champions League, zo lang heeft het avontuur geduurd. 'Mariootje had zijn golftas nog niet neergezet in Nicosia of hij stond al weer op de luchthaven voor de terugvlucht naar Zestienhoven,' klinkt het vanuit de bijrijdersstoel. Er huist weer lekker veel cynisme in zijn stem. 'Gelukkig krijgt hij wel gewoon zijn hele salaris mee. Je kunt het dus ook zien als een heel goed betaalde vakantie van zes weken. Die mensen daar zijn gek, maar ze doen maar. Ik hoop dat die kleine lekker bruin is geworden en dat het geld snel wordt gestort.'

Dan gaat de telefoon. Het is Kristos, uit Nicosia. Andermaal klinkt zijn stem bezorgd.

-'Rob?'

'*Yes Kristos*?'

-'Denk je wel dat de club onze fee zal betalen, nu de trainer al zo snel ontslagen is?'

'Dat weet je nooit, hè? Het is Cyprus. Dat hoef ik jou niet uit te leggen.'

-'Nee, daarom. Maar wat kunnen we doen?'

'Niks. Mijn mensen zijn ermee bezig. Maak je geen zorgen.'

-'We zouden kunnen aanbieden dat ze iets minder aan de trainer betalen en het overgebleven deel dan aan ons kunnen...'

'Nee, Kristos, nee. Dat gaan we dus niet doen. Zoals ik al zei: mijn mensen zijn ermee bezig. Op een normale, nette manier.'

-'Het was maar een idee.'

'Ja, een heel slecht idee. Kom op. We werken niet op een vismarkt.'

Hoofdschuddend hangt hij op. We passeren de speciale terminal voor privé-jets. Hij komt hier een paar keer per jaar, meestal om in opdracht van een Engelse of Italiaanse club de oversteek te maken. 'Het is wel lekker hoor, zo'n privé-jet,' zegt hij. 'Je kunt gaan wanneer je wilt. Je hebt normale stewardessen. En je zit niet de hele tijd tussen de opgefokte mensen. Het is lekker rustig. Je kunt ook doorwerken.'

Hij checkt voor de derde maal of zijn paspoort nog in zijn binnenzak zit. Over een uur vliegt hij naar Nice, naar zijn gezin op Antibes, voor een korte vakantie. Hij heeft de afgelopen week meer stress gehad dan de meeste mensen in een jaar, met een Italiaanse transfer die hij over de streep moest helpen trekken, een aanstaande arbitragezaak, een ontslagen trainer, een nieuwe speler die geadviseerd wilde worden, personeel dat moest worden bijgepraat, een inval, een huilbui, een hartaanval van zijn broer en niet te vergeten een kapotte telefoon. Desondanks buigt hij na het uitstappen zijn hoofd door het open raam en zegt:

'Het zijn rustige dagen. Normaal gesproken is het veel hectischer. Daarom ga ik even naar mijn gezin, nu het kan. Lekker. Alleen morgen ga ik nog wel eerst even langs bij FC Nice, om te kijken of ik daar misschien iets ga doen. En mijn telefoon gaat natuurlijk niet uit, ook 's nachts niet.'

Hij pakt zijn rolkoffer.

'Ik denk dat ik een dag of vier blijf. Tenzij het natuurlijk ontploft op de transfermarkt. In dat geval vlieg ik eerder terug.'

Dan gaat zijn telefoon.

'Yes, Jorge?'

Jansen houdt het toestel aan zijn oor, maar hij hoort niks. Verbaasd kijkt hij naar het display. MENDEZ, staat er. Hij veegt onhandig met zijn wijsvinger over het scherm, maar er gebeurt niets. Het is ook even wennen, zo'n nieuw toestel.

'Hello? Jorge?'

Dit gesprek met Mourinho's zaakwaarnemer zou weleens over de toekomst van Daley Blind kunnen gaan, over een mogelijke transfer waar tientallen miljoenen Ponden mee gemoeid zijn.

Het zou wel fijn zijn als hij nu verbinding kon krijgen.

Nog maar een keer swipen. Als het eindelijk is gelukt, trekt Rob Jansen een opgelucht gezicht, roept *'Jorge? Hello, Jorge? Yes, Jorge! Hello, my friend!'*, zet geroutineerd een van zijn 23 zonnebrillen op, zwaait even, duwt dan al pratend zijn rolkoffer in beweging en verdwijnt alweer met haastige pas door de schuifdeuren van Schiphol.

EINDE

Met dank aan:

Dick Advocaat, Mario Been, Leo Beenhakker, Dennis Bergkamp, Daley Blind, Theo Booms, Cynthia Bosman, Phillip Cocu, Hans van Delft, Chiel Dekker, Marieke Derksen, Jan-Willem van Dop, Joost Ebergen, Guya van Egmond, Nina van Egmond, Miguel Ángel Gil Marín, Esther Goergen, Jorien van den Herik, Karel Jansen jr., Michael Jansen, Wilfried de Jong, Ronald Koeman, Harro Knijff, Dirk Kuyt, Henke Larsson, Wim Nan, Arie van Os, Fabio Parisi, Pim Ras, John van Ringelenstein, Antoinnette Scheulderman, Dick Tuit, Riemer van der Velde, Romy Wigchert.